AI와 연주자

AI문고

인공지능 시대입니다. 기계가 인간의 인지를 대신하고, 사물이 인간을 통하지 않고 다른 사물과 직접 커뮤니케이션합니다. 이에 따른 인간 삶과 문명 변화를 정확히 이해·예측·대응하는 것은 이 시대 우리 모두의 과제입니다. AI문고는 인공지능 기술과 환경의 여러 주제를 10가지 키워드로 정리합니다. 관련 개념과 이론, 학계와 산업계의 쟁점, 우리 일상의 변화를 다룹니다. 인간과 기술의 현재, 미래를 세심히 분석합니다.

일러두기

- 인명, 작품명, 저서명, 개념어 등은 한글과 함께 괄호 안에 해당 국가의 원어를 병기했습니다.
- 외래어 표기는 현행 어문규정의 외래어표기법을 따랐습니다.

처음이세요?

전문가세요?

AI와 연주자

박은주

대한민국, 서울, 커뮤니케이션북스, 2026

AI와 연주자

지은이 박은주
펴낸이 박영률

초판 1쇄 펴낸날 2026년 1월 27일

커뮤니케이션북스(주)
출판 등록 2007년 8월 17일 제313-2007-000166호
02880 서울시 성북구 성북로 5-11
전화(02) 7474 001, 팩스(02) 736 5047
commbooks@commbooks.com
www.commbooks.com

ISBN 979-11-430-1523-5 03500

책값은 뒤표지에 표시되어 있습니다.

차례

AI와 연주자

연주자 일상의 디지털 혁명

무대 위에 홀로 선 연주자. 시선이 집중된 가운데 첫 음이 울려 퍼지는 순간, 그 떨림과 설렘은 여전히 인간만이 느낄 수 있는 감정이다. 하지만 그 연주자가 무대에 오르기까지의 여정에는 이제 새로운 동반자가 함께하고 있다. 바로 인공지능(artificial intelligence, AI)이다.

21세기의 연주자들은 전례 없는 변화의 한복판에 서 있다. 스마트폰으로 악보를 보고, 앱을 통해 메트로놈을 맞추며, 온라인으로 레슨을 받는 것이 일상이 된 지 오래다. 그리고 이제는 AI가 연주를 분석하고 피드백을 주며, 심지어 새로운 곡을 작곡해 주기까지 한다. 이러한 변화는 단순한 기술적 진보를 넘어, 연주자가 음악을 대하는 방식 자체를 근본적으로 바꾸고 있다.

2020년 코로나19 팬데믹은 이러한 변화를 가속화했다. 갑작스럽게 문을 닫은 콘서트홀과 연습실, 취소된 공연들 속에서 연주자들은 생존을 위해 디지털 기술을 받아들여야 했다. 온라인 공연이 새로운 표준이 되었고,

집에서도 전문적인 연습과 레슨이 가능해졌다. 이 과정에서 많은 연주자들이 발견한 것은 AI 기술이 단순히 불편함을 해결하는 도구가 아니라, 새로운 가능성을 열어 주는 창조적 파트너라는 사실이었다.

AI 기반 연습 앱 사용자는 팬데믹 기간 동안 급격히 증가했다. 유지션(Yousician)의 경우 2020년 한 해 동안 사용자가 40% 증가했으며, 심플리 피아노(Simply Piano)도 비슷한 성장세를 보였다. 이는 연주자들이 AI 도구의 실용성을 직접 경험했다는 뜻이다.

"AI가 연주자를 대체할 것인가?"라는 질문이 음악계에서 끊임없이 제기되고 있다. 실제로 AI 작곡 프로그램들이 바흐(Johann Sebastian Bach)나 모차르트(Wolfgang Amadeus Mozart) 스타일의 곡을 그럴듯하게 만들어 내고, AI 연주 시스템이 기술적으로 완벽한 연주를 재현하는 것을 보며 연주자들의 우려는 더욱 커지고 있다. 하지만 이는 잘못된 질문이다. 올바른 질문은 "AI와 어떻게 협력할 것인가?"여야 한다.

음악의 본질은 기술적 완벽함에만 있지 않다. 루빈스타인(Arthur Rubinstein)의 미묘한 루바토, 호로비츠(Vladimir Horowitz)의 독특한 터치, 카라얀(Herbert von Karajan)의 숨 막히는 해석—이 모든 것은 단순히 정확한 음정과 리듬을 넘어선, 인간만이 가질 수 있는 감성과 해석의 영역이다. AI는 이러한 인간의 고유 영역을 침범하는 것이 아니라, 오히려 연주자들이 자신의 음악성을 더욱 깊이 탐구하고 표현할 수 있도록 돕는 도구의 역할을 한다.

AI의 객관적 분석 능력은 연주자들에게 새로운 통찰을 제공한다. 연주 중 무의식적으로 나타나는 습관들, 감정 변화에 따른 템포나 다이내믹의 미세한 변화 패턴, 특정 구간에서 반복되는 음정의 불안정성 등을 정확히 포착해 낸다. 이러한 객관적 정보는 연주자가 자신의 음악을 더욱 정교하게 다듬을 수 있는 기반이 된다. 이것이 바로 AI 시대의 연주자가 가져야 할 관점이다.

AI 시대 연주자의 관점

AI는 연주자를 대체하는 경쟁자가 아니라 연주자의 잠재력을 최대한 발휘할 수 있도록 돕는 협력자다. 마치 현미경이 과학자를 대체하지 않고 더 정밀한 관찰을 가능하게 하듯, AI는 연주자가 자신의 음악을 더욱 깊이 이해하고 표현할 수 있게 한다.

현재 AI 기술의 음악 분야 적용은 놀라울 정도로 빠르게 발전하고 있다. 구글의 마젠타(Magenta) 프로젝트는

AI가 창작한 음악의 가능성을 보여 주며, 수노(Suno)와 유디오(Udio) 같은 새로운 생성형 AI들은 몇 분 만에 곡을 완성한다. 한편 연습과 교육 분야에서는 모이시스(Moises) 같은 음원 분리 도구가 개인 연습의 효율성을 크게 높이고 있다.

국내에서도 변화의 바람이 불고 있다. 한국예술종합학교에서는 AI를 활용한 음악 교육 프로그램을 도입했고, 여러 음악 대학이 AI 관련 커리큘럼을 개설하고 있다. 젊은 연주자들 사이에서는 AI 도구 사용이 자연스러운 일상이 되어 가고 있으며, 이들은 기존 세대와는 완전히 다른 방식으로 음악을 학습하고 연주하고 있다.

하지만 이러한 변화가 모든 연주자에게 환영받는 것은 아니다. 특히 전통적인 교육을 받은 기성 연주자들 중에는 AI의 도입에 대해 회의적인 시각을 가진 이들이 적지 않다. "음악은 감정의 예술인데, 기계가 어떻게 인간의 감정을 이해할 수 있겠느냐"는 반응이 대표적이다.

이러한 우려는 충분히 이해할 만하다. 음악은 수천 년 동안 인간의 가장 깊은 감정과 경험을 표현하는 매체였기 때문이다. 하지만 AI를 음악에 도입한다는 것이 감정을 배제하고 기계적으로 음악을 다루겠다는 뜻은 아니다. 오히려 AI는 연주자가 자신의 감정을 더욱 정확하고 효과적으로 표현할 수 있도록 돕는다.

예를 들어, AI 분석을 통해 연주자는 자신이 의도한 감정 표현이 실제로는 어떻게 구현되고 있는지를 객관적으로 확인할 수 있다. 슬픈 감정을 표현하려 했는데 실제로는 템포나 다이내믹이 의도와 다르게 나타나고 있다면, 이를 수정해 더욱 명확한 감정 전달이 가능해진다. 이는 감정을 억압하는 것이 아니라 오히려 감정 표현을 더욱 정교하게 만드는 과정이다.

세계적인 첼리스트 요요마(Yo-Yo Ma)는 최근 인터뷰에서 이렇게 말했다. "기술은 우리가 음악을 만들고 공유하는 방식을 변화시키고 있습니다. 중요한 것은 이러한 변화를 두려워하지 않고, 어떻게 활용할 것인가를 고민하는 것이죠. AI도 마찬가지입니다. 이 기술이 우리의 음악적 표현을 더욱 풍부하게 만들어 줄 수 있다면, 왜 거부해야 할까요?"

이 책은 이러한 관점에서 출발한다. AI를 두려워하거나 맹목적으로 수용하기보다 연주자의 관점에서 AI가 가져다주는 실질적 도움과 가능성을 살핀다. 각 장의 내용은 현재 사용 가능한 기술을 바탕으로 하며, 실제 연주자가 일상에서 바로 적용할 수 있는 실용 정보로 구성했다.

첫째 장 '작곡과 편곡'은 연주자도 창작자가 될 수 있도록 돕는 AI 도구를 다룬다. 복잡한 화성 지식이 없어도 자신만의 편곡을 만들거나, 즉흥 연주 아이디어를 체계적 작품으로 발전시키는 방법을 소개한다.

'연습 기술'과 '피드백과 효율'은 AI를 활용한 효율적 연습법을 다룬다. 개인 맞춤형 연습 계획부터 실시간 연주 분석까지, 연주자 혼자서도 전문적 수준의 피드백을 받는 절차를 제시한다.

'무대 연출'과 '리버브 시스템'은 공연의 질을 높이는 기술적 도구를 소개한다. 소규모 공연에서도 전문적 무대 효과를 구현하는 방법, 공연장 음향 특성에 맞춘 최적 사운드를 설계하는 기법을 다룬다.

'레퍼토리 개발'과 '연주 데이터'는 개성과 브랜딩을 위한 AI 활용법을 살핀다. 자신에게 맞는 곡목 선정부터 연주 스타일의 객관적 분석까지, 경쟁력 있는 연주자로 성장하기 위한 전략을 제시한다.

마지막으로 '평가와 순환', '공연 확장', '청중과 미래'는 AI 시대 연주자의 지속 가능한 성장을 모색한다. 객관적 평가 시스템의 활용, 새로운 공연 형태의 개척, 변화하는 관객과의 소통 방법을 통해 미래 지향적 실천을 안내한다.

이 책의 모든 내용은 실제 활용 가능한 도구와 검증된 사례를 바탕으로 구성했다. 이론 설명보다 실무 활용법에 중점을 두었고, 전공과 수준에 관계없이 누구나 쉽게 따라 할 수 있도록 단계별로 설명했다. AI 기술은 빠르게 발전하고 있지만 그 근본적인 목표는 변하지 않는다. 바로 인간의 삶을 더욱 풍요롭게 만드는 것이다. 음악 분야에서도 마찬가지다. AI는 연주자를 대체하려는 것이 아니라 연주자가 자신의 음악적 꿈을 더욱 완전하게 실현하도록 돕는다.

무대 위의 연주자는 여전히 혼자 서 있다. 그 순간의 떨림과 설렘, 관객과의 교감은 여전히 인간만이 만들어 낼 수 있는 마법이다. 그러나 그 무대에 오르기까지, 그리고 무대 위의 완벽한 표현을 위해 AI는 든든한 동반자가 될 수 있다. 이 책이 그러한 동반자를 만나는 가교가 되기를 바란다.

새로운 시대의 연주자에게는 새로운 도구가 필요하다. AI라는 도구를 현명하게 활용한다면, 이전 세대가 꿈꾸기 어려웠던 음악적 가능성을 실현할 수 있다. 그 여정이 바로 지금 시작된다.

참고문헌

Andersson, P. & Svensson, K.(2018). Time-Frequency Feature Fusion for Musical Signal Processing. DIVA Portal Thesis Series.
https://www.diva-portal.org/smash/get/diva2:1470288/FULLTEXT01.pdf

Hennequin, R. et al.(2020). Spleeter: A Fast and Efficient Music Source Separation Tool. Journal of Open Source Software.
https://joss.theoj.org/papers/10.21105/joss.02154.pdf

Kwon, Y. D. & Lee, S.(2024). Interactive Generative Audio Systems: User Study and Design Implications. ACM Transactions on Multimedia Computing, Communications, and Applications.
https://dl.acm.org/doi/10.1145/3635636.3664263

Newman, M. et al.(2023). Human-AI Music Creation: Understanding the Perceptions and Experiences of Music Creators for Ethical and Productive Collaboration. In Proc. of the 24th Int. Society for Music Information Retrieval Conf.
https://archives.ismir.net/ismir2023/paper/000008.pdf

Roberts, A. et al.(2018). A Hierarchical Latent Vector Model for Learning Long-Term Structure in Music. International Conference on Machine Learning(ICML).
https://arxiv.org/pdf/1803.05428

01
작곡과 편곡

연주자에게 창작은 더 이상 선택이 아닌 필수가 되고 있다. 전통적으로 연주자와 작곡가는 구분된 역할이었지만, 현대 음악계에서는 이 경계가 점점 흐려지고 있다. AI 기술의 발달로 복잡한 화성 이론 없이도 연주자가 직접 창작할 수 있는 시대가 열렸다. 하지만 여전히 많은 연주자들이 창작에 대한 두려움을 갖고 있는 것이 현실이다. 창작은 특별한 재능이 아닌 학습 가능한 기술이며, AI는 그 과정을 획기적으로 단순화해 준다.

기후 위기와 인공지능?

텍스트에서 음악으로: AI 작곡의 첫걸음

AI 작곡의 가장 큰 혁신은 텍스트 프롬프트만으로도 완전한 음악을 생성할 수 있다는 점이다. 수노(Suno)는 현재 가장 널리 사용되는 AI 작곡 도구 중 하나로, "슬픈 피아노 발라드, 비 오는 날의 그리움"이라고 입력하면 2분 내에 완성된 곡을 들려준다. 유디오(Udio)는 더 자연스러운 보컬과 악기 연주감을 구현하며, 특히 팝과 록 장르에서 뛰어난 결과를 보여 준다.

효과적인 프롬프트 작성은 AI 작곡의 핵심이다. 단순히 "좋은 곡"이라고 하기보다는 구체적인 정보를 제공해야 한다. 장르(발라드, 재즈, 클래식), 악기 편성(피아노 독주, 현악 4중주), 분위기(그리움, 희망, 평온), 템포(느림, 보통, 빠름), 참고곡("쇼팽의 녹턴 스타일") 등을 명시하면 원하는 결과에 가까운 음악을 얻을 수 있다.

예를 들어 "Chopin nocturne style, solo piano, melancholic, slow tempo, rainy evening mood, in E minor key"라고 입력하면 쇼팽 녹턴의 특징을 가진 피아노 독주곡이 생성된다. 여기서 중요한 것은 첫 번째 결과에 만족하지 말고 여러 번 시도해 보는 것이다. 같은 프롬프트라도 매번 다른 결과가 나오므로, 5~10개 정도의 버전을 만들어서 가장 마음에 드는 것을 선택하는 것이 좋다.

생성된 음악은 그대로 사용하기보다는 출발점으로 활용해야 한다. AI가 만든 기본 골격에 연주자 자신의 해석과 변화를 더하는 것이 진정한 AI 협업이다. 멜로디 라인을 약간 수정하거나, 리듬 패턴을 변경하거나, 자신의 악기에 맞는 주법을 추가하는 과정을 통해 개성 있는 작품으로 발전시킬 수 있다.

음원 분리와 편곡의 새로운 차원

모이시스(Moises)는 AI 기반 음원 분리 기술을 활용한 편곡의 혁신을 가져왔다. 기존 음악에서 보컬, 드럼, 베이스, 기타 등을 개별적으로 분리할 수 있어, 연주자들이 원하는 파트만 추출해서 편곡에 활용할 수 있다. 특히 대중음악을 클래식 악기로 편곡하려는 연주자들에게 매우 유용하다.

모이시스를 사용한 편곡 과정은 다음과 같다. 먼저 편곡하고 싶은 원곡을 업로드하고 음원 분리를 실행한다. 보통 2~3분 내에 각 파트가 분리되어 제공된다. 그 다음 자신이 연주할 악기에 해당하는 파트(주로 멜로디나 보컬 라인)를 선택한다. 필요하다면 키나 템포를 조정할 수 있으며, 이는 실시간으로 처리된다.

분리된 멜로디를 바탕으로 악보 소프트웨어나 AI 도

구를 활용해 편곡을 완성한다. 예를 들어, BTS의 〈Spring Day〉에서 보컬 멜로디만 추출해서 바이올린 독주용으로 편곡하거나, 아이유의 〈가을 아침〉을 첼로와 피아노 듀오로 만들 수 있다. 이 과정에서 원곡의 감성은 유지하면서도 클래식 악기의 특성에 맞는 표현 기법을 추가할 수 있다.

하지만 음원 분리 기술에도 한계가 있다. 복잡한 편곡이나 여러 악기가 같은 음역대에서 연주되는 경우 완벽한 분리가 어려울 수 있다. 또한 분리 과정에서 음질이 다소 저하될 수 있으므로, 최종 결과물의 품질을 항상 확인해야 한다. 이러한 한계를 보완하기 위해서는 분리된 결과물을 기반으로 추가적인 편집과 보정 작업이 필요하다.

화성과 구조: AI가 해결하는 작곡의 구조

전통적인 작곡에서 가장 어려운 부분 중 하나는 화성 진행과 곡의 전체 구조를 설계하는 것이다. 하지만 AI는 이러한 복잡한 이론적 지식 없이도 자연스러운 화성 진행을 만들어 낸다. 특히 장르별 특성을 잘 반영한 화성 패턴을 제공하므로, 연주자는 이를 바탕으로 자신만의 변화를 추가할 수 있다.

AI 작곡 도구들은 일반적으로 널리 사용되는 화성 진행 패턴을 학습했다. 예를 들어, 팝 음악의 I-V-vi-IV 진행이나 재즈의 ii-V-I 진행 등이 자동으로 적용된다. 연주자가 이러한 이론을 완전히 이해하지 못해도, AI가 생성한 결과물을 분석하면서 자연스럽게 학습할 수 있다. 곡의 구조 측면에서도 AI는 훌륭한 도움을 준다. 일반적인 팝송 구조(인트로-벌스-코러스-벌스-코러스-브리지-코러스-아웃트로)나 클래식의 소나타 형식을 자동으로 적용해 준다. 이는 초보 작곡자가 가장 어려워하는 부분 중 하나인데, AI의 도움으로 이 문제를 해결할 수 있다.

하지만 AI가 만든 구조를 맹목적으로 따를 필요는 없다. 오히려 기본 틀을 제공받은 후, 자신의 음악적 의도에 맞게 수정하고 발전시키는 것이 중요하다. 예를 들어, AI가 제안한 브리지 섹션을 더 극적으로 만들거나, 엔딩을 점진적으로 페이드아웃 하는 대신 강력한 마무리로 바꿀 수 있다.

장르 융합과 실험: AI가 열어주는 새로운 가능성

AI의 가장 흥미로운 능력 중 하나는 서로 다른 장르를 자연스럽게 융합하는 것이다. 〈바로크 스타일의 K-pop〉 또는 〈재즈 화성의 트로트〉처럼 기존에는 상상하기 어려웠던 조합도 AI를 통해 현실화할 수 있다. 이는 연주자에게 새로운 창작의 영감을 제공한다.

장르 융합 실험에서는 구체적인 지시가 중요하다. 단순히 "클래식과 팝의 융합"이라고 하기보다는 "베토벤의 운명 교향곡 리듬에 현대 팝 멜로디와 신스 사운드 추가"처럼 구체적으로 표현해야 한다. 또한 어떤 장르의 어떤 요소를 가져올 것인지 명확히 해야 한다. 예를 들어 재즈에서는 화성을, 클래식에서는 구조를, 팝에서는 멜로디를 가져오는 식이다.

실험적인 작업에서는 실패를 두려워하지 말아야 한다. AI는 무한에 가까운 시도를 가능하게 하므로, 다양한 조합을 시도하며 예상치 못한 좋은 결과를 얻을 수 있다. 때로는 완전히 다른 방향의 음악이 나올 수도 있지만, 이것이 오히려 새로운 영감의 원천이 될 수 있다.

성공적인 장르 융합을 위해서는 각 장르의 핵심 특징을 이해하는 것이 도움 된다. 예를 들어 트로트의 특징인 꺾기와 떠는 소리, 재즈의 스윙 리듬, 클래식의 대위법적 구조 등을 파악하면 더 효과적인 프롬프트를 작성할 수 있다. AI는 이러한 특징들을 자동으로 반영하지만, 사용자가 원하는 특정 요소를 강조하고 싶다면 명시적으로 언급하는 것이 좋다.

협업과 반복: 완성도 높은 작품 만들기

AI와의 성공적인 협업을 위해서는 반복적인 개선 과정이 필수다. 첫 번째 결과물을 최종 작품으로 여기지 말고, 개선의 출발점으로 삼아야 한다. AI가 생성한 기본 구조를 실제로 연주해 보며 어색한 부분이나 개선점을 찾아내고, 이를 바탕으로 다시 AI에게 수정을 요청하거나 직접 편집하는 과정을 거쳐야 한다.

효과적인 협업을 위해서는 단계적 접근이 중요하다. 처음에는 전체적인 구조와 분위기를 결정하고, 점차 세부 사항으로 들어가는 것이 좋다. 예를 들어, 먼저 "슬픈 피아노 발라드"로 기본 골격을 만든 후, "2분 30초 지점에서 전조", "인트로 현악기 추가" 등의 구체적인 요구 사항을 단계별로 추가해 나간다.

연주자의 직관과 경험은 이 과정에서 매우 중요하다. AI는 기술적으로 완벽한 음악을 만들어 내지만, 실제 연주에서의 자연스러움이나 감정적 호소력은 여전히 인간의 판단이 필요하다. 특히 자신이 주로 연주하는 악기의 특성을 고려한 수정은 반드시 필요하다. 예를 들어, 바이올린 곡에서 너무 낮은 음역대나 연주하기 어려운 빠른 패시지가 있다면 이를 수정해야 한다.

최종 완성 단계에서는 전문가의 조언을 구하는 것도

도움 된다. AI가 만든 작품이라고 해서 반드시 혼자 작업해야 하는 것은 아니다. 동료 연주자나 음악 교사의 의견을 듣고, 필요하다면 전문 편곡가의 도움을 받아 완성도를 높일 수 있다. 이는 AI와 인간의 협업을 더욱 풍부하게 만드는 방법이다.

참고문헌

Huang, C. Z. A. et al.(2019). Music Transformer: Generating Music with Long-Term Structure. ICLR. https://arxiv.org/pdf/1809.04281

Rahman, M. A. et al.(2025). SONICS: Synthetic Or Not – Identifying Counterfeit Songs. arXiv https://arxiv.org/pdf/2309.02612

Rouard, S. et al.(2023). Hybrid Transformer Demucs for Music Source Separation. IEEE. https://arxiv.org/pdf/2309.02612

Saffiotti, A. et al.(2020). On human-AI collaboration in artistic performance. NeHuAI 2020: First International Workshop on New Foundations for Human-Centered AI. https://ceur-ws.org/Vol-2659/saffiotti.pdf

Wang, T. et al.(2025). Via Score to Performance: Efficient Human-Controllable Long Song Generation with Bar-Level Symbolic Notation. arXiv preprint. https://arxiv.org/abs/2508.01394

02
연습 기술

전통적인 연습 방법은 연주자 혼자서 반복 연습을 통해 실력을 향상시키는 것이었다. 하지만 이러한 방식은 객관적 피드백의 부족, 비효율적 시간 배분, 잘못된 습관의 고착화 등 여러 한계를 가지고 있었다. AI 기술의 발전으로 이제 연주자들은 실시간으로 자신의 연주를 분석하고 개선점을 찾을 수 있게 되었다. 더 나아가 음정, 리듬, 다이내믹까지 세밀하게 분석해 전문가 수준의 조언을 준다. 이 장에서는 AI를 활용한 효율적 연습법과 개인 맞춤형 학습 전략을 구체적으로 살펴본다.

노래하는 AI 보컬?

실시간 분석과 즉시 피드백

AI 연습 도구의 가장 큰 장점은 실시간 분석과 즉시 피드백이다. 전통적인 연습에서는 잘못 연주하고 있는지 모른 채 계속 반복하는 경우가 많았지만, AI는 연주하는 순간 정확도를 측정하고 개선점을 알려준다. 플로키(Flowkey)는 마이크를 통해 피아노 연주를 실시간으로 인식하고, 음정과 리듬의 정확도를 시각적으로 표시한다.

심플리 피아노(Simply Piano)는 더 나아가 연주자의 실력 수준을 자동으로 판단해 적절한 속도로 곡을 재생한다. 연주자가 따라가지 못하면 자동으로 속도를 줄이고, 정확하게 연주하면 점차 원래 속도로 올린다. 이는 개인의 학습 속도에 맞춘 맞춤형 연습을 가능하게 한다.

고급 AI 연습 도구들은 단순한 음정과 리듬을 넘어 다이내믹, 아티큘레이션, 페달링까지 분석한다. 예를 들어, 토나라(Tonara)는 클래식 연주자를 위한 전문적인 피드백을 제공하며, 연주의 음악적 표현까지 평가한다. 특정 구간에서 크레센도가 부족하거나, 스타카토가 명확하지 않다는 등의 구체적인 조언을 받을 수 있다.

이러한 실시간 피드백은 연습 효율성을 크게 향상시킨다. 잘못된 부분을 즉시 인식하고 수정할 수 있어, 나쁜 습관이 고착화되는 것을 방지한다. 또한 객관적인 데이터를 바탕으로 한 평가는 연주자가 자신의 실력을 정확히 파악하고 목표를 설정하는 데 도움이 된다.

개인 맞춤형 연습 계획

AI의 또 다른 강점은 개인의 실력과 목표에 맞춘 맞춤형 연습 계획을 제공하는 것이다. 유지션(Yousician)은 사용자의 연주 데이터를 분석해 취약한 부분을 파악하고, 이를 집중적으로 개선할 수 있는 연습 과제를 제안한다. 예를 들어, 리듬감이 부족한 연주자에게는 리듬 연습을 중심으로 한 커리큘럼을 제공하고, 음정이 불안정한 연주자에게는 음정 훈련에 집중한 과제를 준다.

이러한 맞춤형 접근은 연습 시간의 효율성을 크게 높인다. 이미 잘하는 부분에 시간을 낭비하지 않고, 정말 필요한 부분에 집중할 수 있기 때문이다. 또한 개인의 학습 속도와 선호도를 고려해 최적의 학습 경로를 제시한다.

스마트뮤직은 더 나아가 특정 곡이나 연주회를 위한 맞춤형 연습 계획을 제공한다. 연주하고자 하는 곡을 입력하면, 해당 곡의 난이도와 기술적 요구 사항을 분석해 단계별 연습 방법을 제시한다. 예를 들어, 쇼팽의 〈발라드 1번〉을 연습하고자 한다면, 먼저 기본적인 스케일과 아르페지오 연습부터 시작해 점차 복잡한 구조의 연습으로 이어지는 체계적인 계획을 만들어 준다.

개인 맞춤형 계획의 핵심은 지속적인 평가와 조정이다. AI는 연주자의 진도를 실시간으로 모니터링하고, 필요에 따라 계획을 수정한다. 예상보다 빠르게 진도가 나간다면 더 도전적인 과제를 제시하고, 어려워한다면 기초를 더 탄탄히 다질 수 있는 연습을 추가한다.

기술적 분석과 교정

AI는 연주자가 놓치기 쉬운 기술적 세부 사항까지 정밀하게 분석한다. 음정의 미세한 편차, 리듬의 불규칙성, 다이내믹의 일관성 부족 등을 객관적 데이터로 제시한다. 이는 특히 혼자 연습할 때 발견하기 어려운 문제들을 찾아내는 데 유용하다.

예를 들어, 스플라이스 사운즈(Splice Sounds)의 AI 분석 도구는 연주 중 무의식적으로 나타나는 템포 변화 패턴을 시각화해 보여 준다. 감정이 고조될 때 무의식적으로 빨라지는 경향, 난이도 높은 구간에서 느려지는 습관 등을 구체적으로 파악할 수 있다. 이러한 정보는 연주자가 자신의 연주 패턴을 객관적으로 이해하고 개선하는 데 도움이 된다.

멜로딕스(Melodics)는 특히 리듬 연습에 특화된 AI 도구로, 연주자의 타이밍 정확도를 마이크로초 단위까지 측정한다. "단순히 '빨라졌다' 또는 '늦었다'는 피드백을 넘어, 몇 마이크로초 차이가 나는지까지 알려주어 정밀한 연습이 가능하다." 또한 개인의 리듬 패턴을 분석해 체계적인 개선 방안을 제시한다.

이러한 기술적 분석은 전문적인 연주자에게도 유용하다. 자신이 의식하지 못하는 연주 습관을 발견하거나, 특정 기법의 완성도를 객관적으로 평가할 수 있기 때문이다. 특히 콩쿠르나 오디션 준비 과정에서 이런 정밀한 분석은 실력 향상에 큰 도움이 된다.

반복 학습의 최적화

AI는 단순한 반복이 아니라 과학적인 반복 학습을 가능하게 한다. 안키(Anki)의 간격 반복(spaced repetition) 알고리즘을 음악 연습에 적용한 도구들이 등장했다. 이들은 연주자의 기억 패턴을 분석해 각 구간을 언제, 얼마나 자주 연습해야 효과적인지 제시한다.

예를 들어, 새로운 곡의 어려운 구간을 처음 연습할 때는 짧은 간격으로 자주 반복하고, 어느 정도 익숙해지면 점차 간격을 늘려가는 방식이다. 이는 기억의 망각 곡선을 고려한 과학적 접근법으로, 단순 반복보다 훨씬 효율적이다.

프랙티싱(Practicing) 앱은 이러한 개념을 구체적으로 구현한 도구다. 연주자가 어려워하는 구간을 자동으로 식별하고, 해당 구간에 대한 최적의 연습 스케줄을 제공한다. 또한 연습 과정에서 실력 향상 정도를 모니터링해 스케줄을 동적으로 조정한다.

반복 학습의 최적화에서 중요한 것은 질적인 반복이다. AI는 단순히 횟수를 늘리는 것이 아니라, 각 반복에서 집중해야 할 특정 요소를 제시한다. 첫 번째 반복에서는 음정에 집중하고, 두 번째는 리듬에, 세 번째는 다이내믹에 주의를 기울이는 식으로 체계적인 연습을 유도한다.

진도 추적과 동기 부여

AI 연습 도구들은 연주자의 진도를 체계적으로 추적하고 시각화한다. 일일 연습 시간, 정확도 향상 그래프, 마스터한 곡의 수 등을 다양한 방식으로 보여 주어 연주자가 자신의 발전을 실감할 수 있게 한다. 이는 장기적인 동기 부여에 매우 중요한 요소다.

심플리 피아노는 게임화 요소를 도입해 연습에 재미를 더했다. 새로운 곡을 마스터할 때마다 별점을 주고, 연속 연습일 수에 따라 스트릭을 기록한다. 또한 다른 사용자들과 진도를 비교할 수 있는 리더보드 기능도 제공한다. 이러한 요소들은 연습을 지속하는 동기를 부여한다.

플로키는 더 전문적인 접근을 취해, 연주자의 기술적 발전을 세부적으로 추적한다. 특정 기법[트릴(Trill), 스케일(Scale), 아르페지오(Arpeggio) 등]의 완성도를 개별적으로 측정하고, 각 영역별 발전 상황을 보여 준다. 이를 통해 연주자는 자신의 강점과 약점을 명확히 파악할 수 있다.

진도 추적의 또 다른 이점은 목표 설정과 계획 수립에 도움이 된다는 것이다. 과거의 학습 데이터를 바탕으로 미래의 학습 계획을 세우고, 실현 가능한 목표를 설정할 수 있다. 예를 들어, 지난 한 달간의 진도를 분석해 다음 달에 마스터할 수 있는 곡의 수를 예측하고, 이에 맞는 계획을 세울 수 있다.

협업과 원격 지도

AI 기술의 발전으로 원격 음악 교육의 질이 크게 향상되었다. 코로나19 팬데믹 이후 온라인 레슨이 일반화되면서, AI는 이러한 원격 교육을 더욱 효과적으로 만들어 주는 역할을 한다. 줌(Zoom) 같은 화상회의 플랫폼에 AI

분석 기능을 결합한 도구들이 등장했다.

엔코다(NKODA)는 악보 제공과 함께 AI 기반 연주 분석 서비스를 제공한다. 학생이 연주한 내용을 녹음해 업로드하면, AI가 1차 분석을 실시하고 주요 문제점을 파악한다. 이후 선생님이 이 분석 결과를 바탕으로 더 정확하고 구체적인 지도를 할 수 있다. 이는 제한된 레슨 시간을 더욱 효율적으로 활용하게 해 준다.

또한 AI는 레슨 후 복습에도 도움을 준다. 레슨 중 선생님의 지적 사항을 AI가 기록하고, 이를 바탕으로 개인 맞춤형 연습 과제를 생성한다. 예를 들어, 선생님이 "2번째 주제의 레가토 표현을 더 자연스럽게"라고 지적했다면, AI는 해당 구간의 레가토 연습에 집중한 과제를 만들어 준다.

이러한 협업적 접근은 전통적인 일대일 레슨의 장점을 유지하면서도 AI의 객관성과 지속성을 더한 새로운 교육 방식을 제시한다. 선생님은 음악적 해석과 감정 표현에 집중하고, AI는 기술적 정확성과 반복 연습을 담당하는 역할 분담이 가능하다.

참고문헌

이보림(2023). 디지털 미디어 기반 음악교육용 콘텐츠 탐색 및 특징에

관한 연구. 디지털콘텐츠학회논문지, 24(10), 2287~2302쪽.
http://journal.dcs.or.kr/xml/38357/38357.pdf

Engel, J. et al.(2017). Neural audio synthesis of musical notes with WaveNet autoencoders. arXiv preprint.
https://arxiv.org/abs/1704.01279

Hawthorne, C., et al.(2019). Enabling factorized piano music modeling and generation with the MAESTRO dataset. International Conference on Learning Representations (ICLR). https://openreview.net/pdf?id=r1lYRjC9F7

Huang, C. Z. A. et al.(2019). Music transformer: Generating music with long-term structure. arXiv preprint.
https://openreview.net/pdf?id=rJe4ShAcF7

03
피드백과 효율

연주자에게 가장 필요하지만 얻기 어려운 것 중 하나가 객관적이고 일관된 피드백이다. 선생님이나 동료들의 주관적 평가에 의존할 수밖에 없었고, 혼자 연습할 때는 자신의 문제점을 발견하기 어려웠다. AI 기술의 발전으로 언제든지 정확하고 구체적인 피드백을 받을 수 있게 되었다. AI 도구들은 음정, 리듬, 템포뿐만 아니라 음색과 표현까지 분석해 개선점을 제시한다. 이 장에서는 AI를 통한 객관적 평가 시스템과 이를 활용한 효율적 연습법, 데이터 기반 실력 개선 전략을 구체적으로 살펴본다.

인공지능과 편향?

객관적 평가 시스템의 구축

AI 피드백 시스템의 가장 큰 강점은 일관된 기준으로 객관적 평가를 제공한다는 점이다. 튜너블(Tunable)은 현재 가장 정확한 AI 튜너 중 하나로, 단순히 음정의 높낮이만 측정하는 것이 아니라 음의 안정성, 진동의 균일성까지 분석한다. 연주자는 자신의 음정이 얼마나 정확한지 수치로 확인할 수 있으며, 시간에 따른 변화 패턴도 파악할 수 있다.

사운드코르셋(Soundcorset)은 더 나아가 음색 분석까지 제공한다. 같은 음정이라도 배음 구성, 어택의 선명도, 서스테인의 안정성 등을 세밀하게 분석해 음색의 품질을 평가한다. 이는 특히 현악기나 관악기 연주자들에게 유용하다. 예를 들어, 바이올린 연주에서 활의 압력이나 속도에 따른 음색 변화를 정량적으로 측정해 최적의 보잉 기법을 찾을 수 있도록 돕는다.

리듬 트레이너 프로(Rhythm Trainer Pro)는 리듬의 정확성을 마이크로초 단위까지 측정한다. 단순히 "빠르다" 또는 "느리다"는 평가를 넘어, 정확히 얼마나 앞서거나 뒤처지는지 구체적인 수치로 보여 준다. 또한 개인의 리듬 패턴을 분석해 일정한 경향이 있는지 파악한다. 예를 들어, 복잡한 리듬에서 항상 조금씩 빨라지는 경향이나, 특정 음표 길이를 부정확하게 연주하는 습관 등을 발견할 수 있다.

이러한 객관적 데이터는 연주자가 자신의 실력을 정확히 파악하고 구체적인 개선 목표를 설정하는 데 도움이 된다. 또한 시간에 따른 변화를 추적함으로써 연습의 효과를 확인하고 동기를 부여받을 수 있다. 주관적 느낌에 의존하던 과거와 달리, 명확한 수치로 발전 상황을 확인할 수 있는 것이다.

실시간 교정과 적응형 학습

AI 피드백 시스템의 진정한 가치는 실시간 교정 기능에 있다. 플로키(Flowkey)의 Listen 모드는 연주자가 곡을 연주하는 동안 실시간으로 음정과 리듬을 분석하고, 틀린 부분에서 즉시 알림을 준다. 이를 통해 잘못된 습관이 고착화되기 전에 바로 교정할 수 있다.

Yousician은 더 나아가 적응형 학습을 제공한다. 연주자가 특정 부분에서 반복적으로 실수할 경우, 해당 구간의 템포를 자동으로 줄이고 더 많은 연습 기회를 제공한다. 반대로 쉽게 연주하는 부분은 빠르게 넘어가 전체적인 학습 효율을 높인다. 이는 개인의 학습 속도와 능력에 맞춘 맞춤형 교육을 가능하게 한다.

심플리 피아노(Simply Piano)의 AI 시스템은 연주자의 실력 수준을 실시간으로 평가하고 그에 맞는 피드백을 제공한다. 초보자에게는 기본적인 음정과 리듬 정확도에 집중한 피드백을 주고, 숙련자에게는 표현력이나 음색의 미묘한 변화까지 포함한 고급 피드백을 제공한다. 이러한 단계별 접근은 학습자가 압도당하지 않으면서도 지속적으로 발전할 수 있게 해 준다.

실시간 교정의 또 다른 이점은 연습 중 집중력을 높여준다는 것이다. 즉시 피드백을 받기 때문에 연주자는 더 주의 깊게 연주하게 되고, 이는 전반적인 연습 품질 향상으로 이어진다. 또한 정확한 연주에 대한 즉시 보상(별점, 스트릭 기록 등)은 동기 부여 효과도 가져온다.

패턴 분석과 맞춤형 개선책

AI의 가장 강력한 능력 중 하나는 대량의 데이터에서 패턴을 찾아내는 것이다. 연주 피드백 시스템들은 연주자의 장기간 연주 데이터를 분석해 개인적인 연주 패턴과 취약점을 파악한다. 멜로딕스(Melodics)는 수개월간의 연주 기록을 분석해 연주자만의 독특한 패턴을 찾아낸다.

예를 들어, 어떤 연주자는 감정적으로 고조된 구간에

서 항상 템포가 빨라지는 경향을 보일 수 있다. 또 다른 연주자는 기술적으로 어려운 패시지에서 음정이 불안정해지는 패턴을 가질 수 있다. 이러한 개인적 특성은 짧은 시간의 관찰로는 쉽게 발견하기 어렵지만, AI는 누적된 데이터를 통해 명확하게 파악한다.

토널 에너지 튜너(Tonal Energy Tuner)는 연주자의 음정 패턴을 시각화해서 보여 준다. 특정 음에서 항상 높게 연주하는 경향이나, 특정 조성에서 음정이 불안정해지는 패턴 등을 그래프로 표시한다. 이는 연주자가 자신의 음감 특성을 객관적으로 이해하고 보정하는 데 도움이 된다.

이러한 패턴 분석을 바탕으로 AI는 맞춤형 개선책을 제시한다. 템포 불안정성이 문제라면 메트로놈과의 싱크 연습을 집중적으로 제안하고, 음정 문제가 있다면 음계 연습과 청음 훈련을 추천한다. 이처럼 연주자는 자신의 취약점에 정확히 맞춘 구체적인 처방을 제시받을 수 있다.

진도 추적과 목표 설정

효율적인 연습을 위해서는 명확한 목표 설정과 체계적인 진도 관리가 필수다. AI 피드백 시스템들은 연주자의 발전 상황을 다양한 지표로 추적하고 시각화한다. 프랙티스(Practice)는 일일 연습 시간, 정확도 개선율, 새로 습득한 기법의 수 등을 종합적으로 분석해 발전 상황을 시각화한다.

스마트뮤직(SmartMusic)은 특정 곡이나 연주회를 목표로 한 체계적인 학습 계획을 제공한다. 연주하고자 하는 곡의 난이도와 연주자의 현재 실력을 비교 분석해 필요한 준비 기간과 연습 방법을 제시한다. 예를 들어, 쇼팽의 발라드를 목표로 설정하면, 먼저 기본적인 테크닉 연습부터 시작해 단계적으로 곡의 완성도를 높여가는 상세한 로드맵을 만들어 준다.

진도 추적의 핵심은 단순히 연습 시간이나 곡의 개수가 아니라 실질적인 실력 향상을 측정하는 것이다. 플로키는 동일한 곡을 일정 간격을 두고 반복 연주하게 하여 실력 향상을 정량적으로 측정한다. 첫 번째 연주와 비교해 음정 정확도가 얼마나 개선되었는지, 리듬이 얼마나 안정되었는지를 구체적인 수치로 보여 준다.

목표 설정에서 중요한 것은 현실적이고 달성 가능한 목표를 세우는 것이다. AI는 연주자의 과거 학습 데이터를 바탕으로 적절한 목표를 제안한다. 너무 쉬워서 동기가 부족하지도, 너무 어려워서 포기하게 되지도 않는 최적의 목표를 찾아 준다. 또한 큰 목표를 작은 단계로 세분화해 학습자가 단기적 성취감을 느끼며 꾸준히 연습할 수 있도록 돕는다.

협업적 피드백과 커뮤니티 학습

AI 피드백 시스템의 새로운 트렌드 중 하나는 커뮤니티 기반 학습이다. 단순히 개인적인 피드백을 받는 데 그치지 않고, 비슷한 수준의 다른 연주자들과 비교하고 경쟁할 수 있는 기능들이 추가되고 있다. 저스틴기타(Justin Guitar)는 사용자들이 자신의 연주를 업로드하고, 다른 사용자들로부터 피드백을 받을 수 있는 플랫폼을 제공한다.

이러한 협업적 접근의 장점은 AI의 객관적 분석과 인간의 주관적 감성 평가를 결합할 수 있다는 점이다. AI는 기술적 정확성을 평가하고, 커뮤니티 멤버들은 음악적 표현력이나 감정 전달력에 대한 피드백을 제공한다. 이는 단순한 기술적 완성도를 넘어, 진정한 음악적 소통을 위한 종합적 평가를 가능하게 한다.

밴드랩(BandLab)은 온라인 협업 음악 제작 플랫폼으로, AI 분석과 커뮤니티 피드백을 결합한 서비스를 제공한다. 연주자가 자신의 연주를 업로드하면 AI가 기술적 분석을 제공하고, 다른 음악가들이 음악적 해석이나 표현에 대한 의견을 남길 수 있다. 이러한 다층적 피드백은 연주자의 전반적인 음악성 향상에 도움이 된다.

커뮤니티 학습의 또 다른 이점은 동기 부여와 학습 지속성이다. 혼자서는 포기하기 쉬운 연습도 커뮤니티의 지지와 격려가 있으면 꾸준히 이어가기 쉽다. 또한 다른 사람들의 연주를 듣고 피드백을 주는 과정에서 자신의 음악적 안목을 넓힐 수 있다. 이는 일방향적 학습을 넘어서 상호작용적 학습을 가능하게 한다.

데이터 기반 장기 전략

AI 피드백 시스템이 제공하는 가장 가치 있는 정보 중 하나는 장기적인 학습 트렌드 분석이다. 몇 개월 또는 몇 년간의 연주 데이터를 종합적으로 분석해 연주자의 강점과 약점, 개선 속도, 학습 패턴 등을 파악할 수 있다. 뮤직 시어리 헬퍼(Music Theory Helper)는 연주자의 음악 이론 이해도 변화를 추적하고, 실제 연주 실력과의 상관관계를 분석해 균형 잡힌 학습 방향을 제시한다.

이러한 장기 분석을 통해 연주자는 자신의 음악적 성장을 객관적으로 평가할 수 있다. 어떤 영역에서 빠르게 성장하고 있는지, 어떤 부분이 정체되어 있는지를 명확히 파악해 학습 전략을 조정할 수 있다. 또한 과거의 학습 패턴을 바탕으로 미래의 발전 방향을 예측하고 계획할 수 있다.

테누토(Tenuto)는 음악 이론과 실제 연주 능력의 연관성을 데이터로 분석해 보여 준다. 화성 이론 이해도가 향상되었을 때 실제 연주에서 어떤 변화가 나타났는지, 청음 능력 개선이 음정 정확도에 어떤 영향을 미쳤는지를 구체적으로 확인할 수 있다. 이는 이론 학습과 실기 연습의 균형을 찾는 데 도움을 준다.

데이터 기반 전략의 핵심은 개인화된 학습 경로 설계다. 모든 연주자가 같은 방식으로 발전하는 것은 아니며, AI는 개인의 고유한 학습 패턴을 파악해 최적화된 학습 방법을 제안한다. 이는 효율적인 연습뿐만 아니라 장기적인 음악적 성장을 위한 전략적 접근을 가능하게 한다.

참고문헌

Greco, C., & Ludovico, L. A.(2025). A Systematic Review of AI in Higher Music Education. https://www.dpublication.com/wp-content/uploads/2025/04/11380.pdf

BandLab. Make music online. https://www.bandlab.com

Hennequin, R., et al.(2020). Spleeter: A Fast and Efficient Music

Source Separation Tool. Journal of Open Source Software. https://joss.theoj.org/papers/10.21105/joss.02154.pdf

Melodics. Learn to play music(Piano, Pad, Drums). https://melodics.com

Soundcorset. Tuner & Metronome(Timbre Analysis). https://play.google.com/store/apps/details?id=com.soundcorset.client.android

Tenuto. Music theory and ear training exercises. https://www.musictheory.net/products/tenuto

TonalEnergy. Tuner & Metronome(Visual analysis tool). https://tonalenergy.com

Tunable. Music practice tools for musicians. https://tunableapp.com

04

무대 연출

전통적인 클래식 공연은 연주자와 악기, 그리고 청중만이 존재하는 단순한 구조였다. 그러나 현대의 관객들은 보다 풍부하고 몰입적인 경험을 기대한다. 특히 젊은 세대는 시각적 요소와 상호작용이 결합된 무대 연출에서 더 큰 매력을 느낀다. AI 기반 비주얼 도구는 음악에 반응하는 실시간 영상을 생성하며, 스마트 조명 시스템은 연주와 정밀하게 동기화된 조명 효과를 구현한다. 공연장에서 적용 가능한 AI 무대 연출 기술과 청중의 몰입도를 높이는 실질적 방법들을 구체적으로 살펴본다.

청각장애인과 AI?

음악 반응형 비주얼 시스템

AI 기반 비주얼 시스템의 핵심은 음악의 실시간 분석과 그에 따른 시각적 반응이다. 터치디자이너(Touch Designer)는 현재 가장 강력한 실시간 비주얼 생성 도구 중 하나로, 음악의 주파수, 진폭, 리듬 패턴을 실시간으로 분석해 그에 맞는 시각 효과를 생성한다. 예를 들어, 피아노의 저음부가 연주될 때는 화면 하단에서 큰 파동이 일어나고, 고음부가 연주될 때는 상단에서 세밀한 입자들이 춤추듯 반응한다.

레졸룸 애비뉴(Resolume Avenue)는 VJ(Visual Jockey) 전문 소프트웨어로, AI 분석을 통해 음악의 감정적 변화를 감지하고 그에 맞는 색상과 패턴을 자동으로 선택한다. 슬픈 멜로디가 연주될 때는 차가운 블루 계열의 색상으로, 격정적인 부분에서는 강렬한 레드 계열로 전환되는 등 음악의 감정적 뉘앙스를 시각적으로 표현한다.

매드매퍼(MadMapper)는 프로젝션 매핑 전문 도구로, 무대나 악기 자체에 영상을 투사해 입체적인 시각 효과를 만든다. AI 분석을 통해 연주자의 동작까지 인식해 손의 움직임에 따라 빛의 궤적이 따라오거나, 악기에서 연주되는 음에 맞춰 색상이 변하는 등의 효과를 구현할 수 있다. 이는 단순한 배경 영상을 넘어서 연주 자체를 시각화하는 혁신적인 접근이다.

이러한 비주얼 시스템의 장점은 연주자가 별도의 조작 없이도 음악에 완벽하게 동기화된 시각 효과를 얻을 수 있다는 것이다. AI가 실시간으로 음악을 분석하고 적절한 반응을 생성하므로, 연주자는 오직 연주에만 집중할 수 있다. 매번 다른 연주에 대해 새로운 시각 효과가 생성되므로, 동일한 곡이라도 매번 새로운 경험을 제공한다.

스마트 조명과 분위기 조성

조명은 공연의 분위기를 결정하는 핵심 요소 중 하나다. AI 기반 스마트 조명 시스템들은 음악의 특성을 실시간으로 분석해 최적의 조명 환경을 자동으로 조성한다. 필립스 휴(Philips Hue)는 가장 대중적인 스마트 조명 시스템으로, Spotify나 Apple Music과 연동해 재생되는 음악에 맞춰 조명 색상과 밝기를 자동으로 조절한다.

라이프엑스(LIFX)는 더 전문적인 기능을 제공하는 스마트 조명으로, 음악의 주파수 대역별로 다른 반응을 설정할 수 있다. 베이스 라인에 반응하는 조명과 멜로디에 반응하는 조명을 별도로 지정해 더욱 정교한 무대 효과를 실현할 수 있다. 또한 사전 설정된 시나리오를 통해 곡의 구조(인트로, 벌스, 코러스 등)에 맞춰 조명이 변화하도록 프로그래밍할 수 있다.

나노리프(Nanoleaf)는 모듈형 스마트 조명 패널로, 무대 뒷벽이나 측면에 설치해 음악에 반응하는 대형 시각 효과를 연출할 수 있다. AI 분석을 통해 음악의 리듬 패턴을 인식하고, 그에 맞춰 패널들이 순차적으로 점멸하거나 파도 모양으로 색상이 변화하는 등의 효과를 구현한다. 이는 소규모 공연장에서도 대형 콘서트홀 같은 웅장한 분위기를 제공한다.

이보다 한 단계 진화한 사례로, DMX 조명 시스템과 AI를 결합한 고급 솔루션도 있다. 라이트 라이더(Light Rider)는 AI가 음악을 분석해 전문적인 DMX 조명 시퀀스를 자동으로 생성하는 소프트웨어다. 사용자는 원하는 분위기나 색상 팔레트만 설정하면, AI가 음악의 특성에 맞는 복잡한 조명 쇼를 설계한다. 이를 통해 전문 조명기사 없이도 프로페셔널한 무대 환경을 구현할 수 있다.

무대 디자인과 공간 활용

AI 기술은 물리적 무대 공간의 활용도를 극대화하는 데도 도움을 준다. 키넥트(Kinect)나 인텔 리얼센스(Intel RealSense) 같은 깊이 센서를 AI 분석과 결합하면 연주자의 움직임을 실시간으로 추적해 그에 따른 시각 효과를 만들 수 있다. 이를 통해 연주자의 몸짓과 표정까지 공연의 일부로 확장할 수 있다.

맥스/MSP(Max/MSP)는 음악과 영상을 통합적으로 제어할 수 있는 프로그래밍 환경으로, AI 알고리즘을 활용해 무대 전체를 하나의 거대한 악기로 만들 수 있다. 연주자가 무대의 특정 위치에 서면 조명이 변하고, 손을 들면 배경 영상이 반응하는 등 공간 전체가 음악에 참여하는 경험을 제공한다.

에이블톤 라이브(Ableton Live)와 연동된 AI 시스템들은 연주에 맞춰 전자 음향까지 실시간으로 생성한다. 어쿠스틱 악기의 소리를 AI가 분석해 그에 어울리는 앰비언트 사운드나 리버브 효과를 자동으로 추가한다. 이를 통해 솔로 연주자도 마치 오케스트라와 함께 연주하는 듯한 풍성한 사운드를 구현할 수 있다.

홀로렌즈(HoloLens) 같은 증강현실(AR) 기술과 AI를 결합한 실험적 공연들도 등장하고 있다. 관객들이 AR 헤드셋을 착용하면 연주자 주위에 가상의 시각 효과가 나타나고, 음악에 맞춰 3차원 공간에서 움직인다. 이는 전통적인 공연 공간의 한계를 넘어서는 새로운 몰입형 경험을 제공한다.

관객 참여와 상호작용

현대 공연의 중요한 트렌드 중 하나는 관객의 능동적 참여를 유도하는 것이다. AI 기술을 활용하면 관객들이 공연에 직접 참여할 수 있는 다양한 방식을 구현할 수 있다. 예를 들어, 스마트폰 앱을 통해 관객들의 반응을 실시간으로 수집하고, 이를 무대 연출에 반영하는 시스템들이 개발되고 있다.

오디언스싱크(AudienceSync)는 관객들의 스마트폰을 연결해 집단적인 조명 효과를 만드는 앱이다. 음악의 특정 부분에서 관객들의 휴대폰 화면이 일제히 같은 색으로 빛나면서 거대한 시각 효과를 형성한다. AI는 음악을 분석해 가장 효과적인 타이밍에 이러한 집단 효과를 활성화한다.

리액터블 라이브(Reactable Live)는 관객들이 스마트폰을 통해 연주에 직접 참여할 수 있도록 하는 시스템이다. 관객이 화면을 터치하거나 폰을 흔들면, AI가 이를 음악적 요소로 변환해 실제 연주에 추가한다. 예를 들어, 관객들의 박수 소리를 리듬 섹션으로 활용하거나, 함성 소리를 화음으로 변환해 곡에 더할 수 있다.

감정 인식 AI를 활용한 시스템도 흥미롭다. 무대 앞 카메라가 관객들의 표정을 실시간으로 분석해 전체적인 감정 상태를 파악한다. 관객이 지루해하는 표정을 보이면 조명이 더 화려해지거나 템포가 빨라지고, 감동받는 반응이 나타나면 차분하고 깊이 있는 분위기로 연출이 바뀐다.

또한 투표 기반 곡목 선택 시스템도 가능하다. 연주자가 몇 가지 곡을 제시하면 관객이 스마트폰으로 투표하고, AI가 실시간으로 집계해 가장 많은 표를 받은 곡을 다음 순서에 연주한다. 이를 통해 관객은 공연에 직접 영향을 미친다는 만족감을 느끼고, 공연은 더욱 예측 불가능하고 흥미로운 경험이 된다.

소규모 공연을 위한 실용적 솔루션

대부분의 연주자들은 대형 콘서트홀이 아닌 소규모 공연장에서 무대를 꾸민다. AI 기술을 활용하면 제한된 예산과 공간에서도 전문적인 무대 연출을 구현할 수 있다.

OBS 스튜디오(OBS Studio)는 무료 방송 소프트웨어이지만, AI 플러그인을 추가하면 실시간 음악 시각화 기능을 사용할 수 있다.

스포티파이(Spotify)의 오디오 분석 API를 활용하면 간단한 조명 시스템도 구축 가능하다. 라즈베리 파이(Raspberry Pi) 같은 소형 컴퓨터에 AI 분석 소프트웨어를 설치하고 LED 스트립을 연결하면, 수십만 원 수준의 예산으로도 음악 반응형 조명 시스템을 만들 수 있다. GitHub에는 이러한 DIY 프로젝트의 코드가 공개되어 있어, 기술적 지식이 있는 연주자라면 손쉽게 응용할 수 있다.

어도비 애프터 이펙트(Adobe After Effects)와 AI 플러그인을 결합하면 공연 전에 제작한 영상을 음악과 동기화할 수 있다. 예를 들어, 비트에디트(BeatEdit)나 오토싱크(Auto-Sync) 같은 플러그인은 AI가 음악을 분석해 자동으로 영상 편집점을 찾아주므로, 복잡한 편집 과정 없이도 음악과 정확히 맞는 배경 영상을 제작할 수 있다.

또한 모바일 앱들도 유용한 솔루션을 제공한다. 라이트 DJ(Light DJ)는 스마트폰이나 태블릿만으로 음악에 반응하는 조명 효과를 구현할 수 있다. 무선으로 여러 대의 기기를 연결하면 각각 다른 색상으로 반응해 간단한 조명 쇼를 만들 수 있다. 이는 별도의 장비 없이도 즉석에서 시각 효과를 추가할 수 있는 실용적인 방법이다.

기술적 구현과 실전 노하우

AI 무대 연출을 성공적으로 구현하기 위해서는 기술적 이해와 실전 경험이 필수적이다. 먼저 음성 입력 시스템을 올바르게 설정해야 한다. 마이크의 위치와 게인 값은 AI 분석의 정확도에 직접적인 영향을 준다. 마이크가 너무 가까우면 과도한 입력으로 인한 왜곡이 발생하고, 반대로 너무 멀리 두면 배경 소음이 분석에 간섭할 수 있다.

지연 시간(latency) 관리 또한 핵심 요소다. 음악 분석, 시각 효과 생성, 실제 출력까지의 지연을 최소화해야 자연스러운 동기화가 가능하다. 이를 위해서는 ASIO 드라이버를 사용하고, 버퍼 크기를 적절히 조정하는 것이 효과적이다. 일반적으로 20ms 이하의 지연이 권장된다.

백업 시스템 구축도 간과해서는 안 된다. 라이브 공연에서 발생하는 기술적 오류는 치명적일 수 있으므로, 주요 장비와 시스템에 대한 대체 방안을 준비해야 한다. 예를 들어, 단순한 조명 시나리오를 사전에 제작해 두고 AI 시스템이 예상치 못하게 작동을 멈출 경우 수동으로 전환할 수 있는 절차를 마련해야 한다.

마지막으로 충분한 리허설을 통해 시스템을 검증하는 과정이 필요하다. AI는 곡의 특성에 따라 다르게 반응하기 때문에 실제 공연에서 연주할 레퍼토리로 테스트해야 한다. 특히 조용한 구간이나 급격한 다이내믹 변화가 있는 부분에서는 시스템의 반응을 세밀하게 확인해야 안정적인 공연 운영이 가능하다.

참고문헌

Blaine, T. & Fels, S.(2003). Collaborative musical experiences for novices. Journal of New Music Research, 32(4), pp.411~428. https://www.nime.org/proceedings/2003/nime2003_129.pdf

Caramiaux, B. et al.(2015). Understanding gesture expressivity through muscle sensing. ACM Transactions on Computer-Human Interaction, 21(6). https://dl.acm.org/doi/pdf/10.1145/2687922

Saffiotti, A. et al.(2020). On Human-AI Collaboration in Artistic Performance. CEUR Workshop Proceedings, Vol-2659. https://ceur-ws.org/Vol-2659/saffiotti.pdf

Taylor, R. et al.(2006). Real-time music visualization using responsive imagery. 8th International Conference on Virtual Reality. https://webdocs.cs.ualberta.ca/~wfb/ammi/publications/C-2006-VR.pdf

05
레퍼토리 개발

연주자에게 레퍼토리 선정은 단순한 곡목 선택을 넘어 자신만의 음악적 정체성을 구축하는 중요한 과정이다. 전통적으로는 추천이나 개인적 취향에 의존할 수밖에 없었지만, AI 기술의 발전으로 체계적이고 개인화된 레퍼토리 개발이 가능해졌다. 더 나아가 연주자의 기술적 수준, 음악적 성향, 청중의 반응, 그리고 연주회 시간과 장소까지 고려한 맞춤형 프로그램을 구성할 수 있다. 이 장에서는 AI를 활용해 독창적이고 매력적인 레퍼토리를 개발하는 구체적인 방법들을 살펴본다.

AI 콘텐츠 크리에이터?

개인화된 곡목 추천 시스템

AI 기반 레퍼토리 추천 시스템의 핵심은 연주자의 다층적 특성을 종합적으로 분석하는 것이다. 뮤즈스코어 AI(MuseScore AI)는 사용자가 업로드한 연주 녹음을 분석해 연주 스타일, 선호하는 화성 진행, 리듬 패턴 등을 파악한다. 이를 바탕으로 유사한 성향의 곡들을 추천하면서도, 동시에 새로운 도전을 제공할 수 있는 곡목을 함께 제시한다.

송핀치(Songfinch)는 연주자의 과거 연주 이력과 연습 패턴을 분석해 다음 단계로 적합한 곡들을 제안한다. 예를 들어, 바로크 시대의 곡을 주로 연주해 온 피아니스트에게는 먼저 고전파의 소나타 중 바로크적 특징이 있는 작품들을 추천하고, 점차 낭만파로 확장해 나가는 학습 경로를 제시한다. 이는 연주자의 기존 강점을 활용하면서도 음악적 시야를 넓혀 나갈 수 있는 체계적인 접근법이다.

클래시컬 아카이브스 AI(Classical Archives AI)는 더욱 정교한 분석을 제공한다. 연주자가 선호하는 작곡가의 작품들을 화성, 멜로디, 리듬, 형식 등 다양한 음악적 요소로 분해해 분석한 뒤, 데이터베이스 내 수만 곡 중에서 유사한 특징을 가진 작품들을 찾아 추천한다. 예를 들어, 쇼팽의 녹턴을 좋아하는 연주자에게는 포레나 드뷔시의 유사한 분위기 작품들뿐 아니라, 예상치 못한 현대 작곡가의 작품까지 제안할 수 있다.

뮤토피아 프로젝트(Mutopia Project)의 AI 분석 도구는 연주자의 기술적 수준까지 고려한 추천을 제공한다. 지금까지 연주한 곡들의 난이도를 분석해 적절한 도전 수준의 곡목을 제시한다. 너무 쉬워서 지루하지도 않고, 너무 어려워서 포기하지 않도록 최적의 난이도 곡선을 따라 레퍼토리를 확장할 수 있다. 또한 특정 기법이나 기술적 요소를 집중적으로 연습할 수 있는 곡들도 별도로 추천한다.

음악적 성향 분석과 매칭

AI는 연주자의 음악적 DNA를 분석해 가장 적합한 작품을 찾아낸다. 라스트에프엠(Last.fm)의 오디오 분석 기술을 발전시킨 도구들은 연주자가 자주 듣는 음악의 특징을 추출해 유사한 클래식 작품들과 매칭한다. 예를 들어, 재즈를 선호하는 연주자에게는 드뷔시나 라벨의 인상주의 작품을, 록 음악을 즐겨 듣는 연주자에게는 바르토크나 프로코피예프의 리드미컬한 작품을 추천한다.

판도라(Pandora)의 뮤직 지놈 프로젝트(Music Genome

Project)에서 영감을 받은 클래시컬 지놈(Classical Genome)은 클래식 음악의 유전자 분석에 특화된 시스템이다. 각 작품을 수백 개의 음악적 속성으로 분해한 뒤, 연주자의 선호도와 매칭해 개인화된 추천을 제공한다. 이는 단순한 작곡가나 시대별 분류를 넘어, 화성의 복잡성, 멜로디의 흐름, 리듬의 구조, 감정적 강도 등을 종합적으로 고려한다.

감정 인식 AI를 활용한 매칭도 흥미로운 접근법이다. 연주자가 평소 표현하고 싶어 하는 감정이나 전달하려는 메시지를 분석해 그에 적합한 곡을 제안한다. 내성적이고 서정적인 성향의 연주자에게는 슈베르트의 즉흥곡이나 쇼팽의 야상곡을, 외향적이고 역동적인 성향의 연주자에게는 리스트의 헝가리 광시곡이나 라흐마니노프의 전주곡을 추천하는 식이다.

아이바(AIVA)의 스타일 분석 엔진은 연주자가 업로드한 자작곡이나 즉흥 연주를 분석해 개인의 음악적 특징을 파악한다. 이를 바탕으로 연주자의 고유한 스타일을 발전시킬 수 있는 기존 작품이나, 반대로 새로운 영역을 탐험할 수 있는 대조적인 작품을 제안한다. 이는 연주자가 자신만의 독창적인 음악적 목소리를 구축하는 데 도움을 준다.

청중 반응 예측과 프로그램 구성

성공적인 연주회를 위해서는 연주자의 취향뿐 아니라 청중의 반응도 고려해야 한다. 티켓마스터(Ticketmaster)나 이벤트브라이트(Eventbrite) 같은 플랫폼의 데이터를 분석하는 AI 시스템은 특정 지역, 연령층, 시간대별로 어떤 곡이 인기 있는지를 파악한다. 이를 바탕으로 연주자는 청중의 반응을 극대화할 수 있는 프로그램을 설계할 수 있다.

콘서트 컴패니언(Concert Companion)은 과거 연주회 데이터를 분석해 곡목별 청중 만족도를 예측하는 도구다. 박수 지속 시간, 앙코르 요청 빈도, 공연 후 리뷰 점수 등을 종합해 각 곡의 청중 호응도를 수치화한다. 연주자는 이 데이터를 참고해 확실한 인기곡과 새로운 도전곡의 비율을 조정할 수 있다.

프로그램 빌더 AI(Program Builder AI)는 더 나아가 연주회 전체의 흐름을 설계한다. 오프닝 곡의 임팩트, 중간 휴식 전후의 에너지 배치, 피날레의 감동적 마무리까지 고려해 최적의 곡 순서를 제안한다. 각 곡 사이의 조성 관계, 템포 변화, 감정적 기복을 세밀하게 계산해 청중이 지루함을 느끼지 않고 끝까지 몰입할 수 있는 프로그램을 구성한다.

소셜 미디어 인사이트(Social Media Insights)는 소셜 미디어에서의 클래식 음악 언급을 실시간으로 모니터링해 트렌드를 파악한다. 최근 영화나 드라마에 사용된 클래식 곡, 유명인이 언급한 작품, 바이럴된 연주 영상의 곡목 등을 분석해 현재 대중의 관심을 받고 있는 작품을 추천한다. 이는 특히 젊은 청중에게 어필하려는 연주자들에게 유용하다.

경쟁력 분석과 차별화 전략

음악계에서 연주자로서 경쟁력을 유지하기 위해서는 다른 연주자들과의 차별화가 필수적이다. 컴피티터 애널리시스 AI(Competitor Analysis AI)는 비슷한 연령대, 악기, 활동 지역의 연주자들이 어떤 레퍼토리를 주로 선택하는지 분석한다. 이를 통해 포화된 곡목은 피하고, 상대적으로 덜 연주되지만 매력적인 작품을 발굴할 수 있다.

니치 파인더(Niche Finder)는 연주자만의 전문 영역을 제안하는 도구다. 특정 시대나 국가의 작품, 여성 작곡가의 곡, 혹은 특정 주제나 기법에 특화된 레퍼토리를 추천한다. 이를 통해 연주자는 특정 분야의 전문가로 자리매김할 수 있으며, '바로크 음악 전문가', '현대 음악 해석가', '잊혀진 작품 발굴자' 같은 독창적인 포지션을 확보할 수 있다.

레퍼토리 갭 애널리시스(Repertoire Gap Analysis)는 전체 클래식 음악 생태계에서 상대적으로 덜 연주되는 숨은 명곡을 찾아낸다. 음반 출시 빈도, 공연 프로그램 등장 빈도, 음악학적 평가 등을 종합 분석해 과소평가된 작품들을 발굴하며, 이를 통해 연주자는 선도적인 위치를 차지하고 음악계에 새로운 기여를 할 수 있다.

마켓 포지셔닝 툴(Market Positioning Tool)은 연주자의 현재 레퍼토리를 다차원적으로 분석해 시장에서의 위치를 시각화한다. 난이도, 인기도, 독창성, 시대적 분포 등을 그래프로 표시해 향후 레퍼토리 확장 방향을 제시한다. 이를 통해 연주자는 전략적으로 자신만의 브랜드를 구축할 수 있다.

학습 효율성과 기술 발전

레퍼토리 선정에서 중요한 고려사항 중 하나는 학습 효율성이다. 테크니컬 디벨롭먼트 플래너(Technical Development Planner)는 연주자의 현재 기술 수준을 분석하고, 특정 기법을 효율적으로 향상시킬 수 있는 곡들을 체계적으로 제안한다. 예를 들어 트릴 기법을 개선하고자 할 경우, 바로크 작품에서 출발해 점차 복잡한 트릴이 포함된 낭만파 작품으로 이어지는 학습 경로를 제공한다.

프로그레시브 디피컬티 매핑(Progressive Difficulty Mapping)은 각 곡의 기술적 요소를 세분화해 분석한다. 스케일 난이도, 아르페지오 복잡도, 폴리포니 밀도, 리듬 구조 등을 개별적으로 평가해 연주자의 약점을 집중적으로 보완할 수 있는 곡을 추천한다. 이는 단순히 전체 난이도가 아니라 특정 기술 영역의 발전을 위한 맞춤형 학습을 가능하게 한다.

크로스 트레이닝 레퍼토리(Cross-Training Repertoire)는 서로 다른 장르와 스타일의 곡들 사이의 기술적 연관성을 분석한다. 예를 들어 재즈 연주 경험이 클래식에서 즉흥적 표현력을 높이는 방식, 바로크 장식음 기법이 낭만파 작품 해석에 기여하는 방식 등을 고려해 효율적인 크로스 트레이닝 경로를 제안한다.

프랙티스 타임 옵티마이저(Practice Time Optimizer)는 각 곡의 학습에 필요한 예상 시간을 계산해 현실적인 레퍼토리 계획을 수립할 수 있도록 돕는다. 연주자의 연습 시간, 학습 속도, 목표 완성도를 반영해 특정 기간 내에 마스터할 수 있는 곡의 수와 조합을 제시한다. 이는 연주회나 오디션처럼 데드라인이 있는 상황에서 특히 유용하다.

창작과 편곡을 통한 개성화

기존 작품의 연주를 넘어서 창작과 편곡을 통해 독창적인 레퍼토리를 구축하는 것도 중요한 전략이다. 어레인지먼트 제너레이터(Arrangement Generator)는 연주자가 선호하는 대중음악이나 타 장르의 곡을 자신의 악기에 맞게 편곡해 준다. 예를 들어 K-pop, 재즈, 영화음악 등을 클래식 스타일로 편곡하면 젊은 청중들에게 매력적인 독특한 프로그램을 만들 수 있다.

메들리 크리에이터(Medley Creator)는 여러 곡을 자연스럽게 연결한 메들리를 자동으로 생성한다. 조성, 템포, 분위기의 유사성을 분석해 매끄럽게 이어질 수 있는 곡들을 선별해 하나의 작품으로 결합한다. 이를 통해 영화 주제곡 메들리, 특정 작곡가의 대표작 조곡 등 새로운 형태의 레퍼토리를 제작할 수 있다.

테마 앤드 베리에이션 제너레이터(Theme and Variations Generator)는 간단한 멜로디를 입력하면 다양한 변주를 자동으로 생성한다. 연주자는 자신만의 오리지널 주제나 잘 알려진 민요를 바탕으로 독창적인 변주곡을 만들어 기존 레퍼토리와 차별화된 무대를 선보일 수 있다.

콜래버러티브 컴포지션 툴(Collaborative Composition Tool)은 AI와 연주자가 함께 작품을 만들어 가는 도구다. 연주자가 기본적인 아이디어나 모티브를 제공하면 AI가 이를 발전시켜 완성된 곡을 제시한다. 이 과정에서 연주자의 개성과 AI의 창의성이 결합되어 독특한 음악적 결과를 얻을 수 있다.

참고문헌

Déguernel, K. et al.(2022). Personalizing AI for co-creative music composition from melody to structure. Proceedings of the International Society for Music Information Retrieval Conference(ISMIR). https://archives.ismir.net/ismir2022/paper/000020.pdf

Hakimi, S. H. et al.(2020). BebopNet: Deep neural models for personalized jazz improvisations. Proceedings of the International Society for Music Information Retrieval Conference(ISMIR). https://program.ismir2020.net/static/final_papers/132.pdf

Micchi, G. et al.(2021). I keep counting: An experiment in human/AI co-creative songwriting. Transactions of the International Society for Music Information Retrieval, 4(1), pp.263~275. https://transactions.ismir.net/articles/93/files/submission/proof/93-1-3034-1-10-20211221.pdf

Zhong, C. & Qiu, Z.(2025). Personalized Recommendation Algorithm in Computer-Aided Music Instruction System. Computer-Aided Design & Applications, 22(S4),

pp.224~236.
https://www.cad-journal.net/files/vol_22/CAD_22(S4)_2025_224-236.pdf

06
리버브 시스템

리버브는 단순한 기술적 요소를 넘어 음악적 표현의 핵심이다. 동일한 연주라도 어떤 공간에서, 어떤 음향 환경에서 들리는가에 따라 전혀 다른 감동을 줄 수 있다. 전통적으로는 공연장의 자연 잔향에 의존하거나 복잡한 하드웨어 리버브 장비를 사용해야 했으나, 최근 AI 기술의 발전으로 연주자도 손쉽게 최적의 음향 환경을 구현할 수 있게 되었다. 이 장에서는 AI 리버브 기술의 원리와 활용법을 살펴보고, 다양한 환경에서 최적의 사운드를 설계하는 실용적 방법들을 구체적으로 제시한다.

AI와 민주주의?

지능형 공간 분석과 음향 매칭

AI 리버브 시스템의 핵심은 연주 공간의 음향 특성을 실시간으로 분석하고, 그 결과에 따라 최적의 보정을 제공하는 데 있다. 룸 이큐 위자드(Room EQ Wizard)와 AI 분석을 결합한 도구들은 마이크를 통해 공간의 주파수 응답, 잔향 시간, 반사음 패턴을 측정한다. 이 데이터를 바탕으로 AI는 해당 공간에서 가장 자연스럽고 음악적으로 풍부한 사운드를 구현할 수 있는 리버브 설정을 자동으로 산출한다.

소나웍스 레퍼런스(Sonarworks Reference)는 보다 정교한 공간 분석을 수행한다. 여러 위치에서 수집한 데이터를 기반으로 3차원 음향 지도를 생성하고, 청중석의 각 위치에서 어떻게 소리가 전달될지를 예측한다. 이를 토대로 연주자 위치에서의 리버브 처리를 조정하여 모든 청중이 균일하고 최적화된 사운드를 경험할 수 있도록 한다.

아이케이 멀티미디어 아크 시스템(IK Multimedia ARC System)은 AI 기반 음향 보정에 특화된 솔루션이다. 공간 내 발생하는 문제(스탠딩 웨이브, 플러터 에코, 과도한 반사음 등)를 자동으로 감지하고, 리버브 처리를 통해 이를 보완한다. 예를 들어, 지나치게 건조한 공간에서는 홀 리버브를 추가해 울림을 풍부하게 만들고, 반대로 과도하게 울리는 공간에서는 초기 반사음을 제어해 명료도를 높인다.

시더 오디오(CEDAR Audio)의 실시간 분석 시스템은 공연 중에도 음향 환경을 지속적으로 모니터링한다. 청중 수의 변화, 온도와 습도의 변동으로 인한 음향 특성의 변화를 감지하고, 리버브 파라미터를 실시간으로 자동 조정한다. 이를 통해 긴 연주회 동안에도 일관된 음향 품질을 유지할 수 있다.

악기별 맞춤형 리버브 처리

각 악기는 고유한 음향 특성을 가지고 있으며, 최적의 리버브 처리 방법도 다르다. AI 시스템들은 악기의 종류를 자동으로 인식하고 그에 맞는 전용 리버브를 적용한다. 피아노 마블(Piano Marvel)은 피아노 전용 AI 리버브로, 피아노의 해머 어택, 현의 공명, 댐퍼의 영향 등을 정밀하게 분석해 가장 자연스러운 피아노 사운드를 구현한다.

스트링 스튜디오 VS-3(String Studio VS-3)는 현악기에 특화된 리버브 시스템이다. 활과 현의 마찰음, 바디의 공명, 개방현의 진동 등 현악기만의 독특한 음향 특성을 고려해 리버브를 처리한다. 바이올린의 높은 음역에서는 밝고 투명한 리버브를, 첼로의 낮은 음역에서는 따뜻하고 깊이 있는 리버브를 자동으로 선택한다.

브라스 섹션 AI(Brass Section AI)는 금관 악기의 지향성과 다이내믹 변화에 맞춘 리버브를 제공한다. 트럼펫의 강렬한 포르테시모에서는 넓고 웅장한 홀 리버브를, 호른의 부드러운 피아니시모에서는 따뜻하고 친밀한 챔버 리버브를 적용한다. 또한 뮤트 사용 여부를 자동으로 감지해 그에 맞는 리버브 처리를 한다.

보컬 리버브 AI(Vocal Reverb AI)는 성악을 위한 전문 시스템이다. 가사의 명료도를 해치지 않으면서도 풍부한 공간감을 만들어 내는 섬세한 리버브 처리를 제공한다. 언어별 특성(한국어, 영어, 이탈리아어 등)을 고려해 자음과 모음의 처리를 다르게 하고, 곡의 감정적 내용에 따라 리버브의 색채를 조절한다.

감정 기반 적응형 리버브

AI의 가장 혁신적인 기능 중 하나는 연주의 감정적 내용을 분석해 그에 맞는 리버브를 자동으로 선택하는 것이다. 이모션 드리븐 리버브(Emotion-Driven Reverb)는 연주의 다이내믹, 템포, 화성 진행 등을 실시간으로 분석해 곡의 감정적 변화를 감지한다. 슬픈 구간에서는 긴 잔향과 어두운 색채의 리버브를, 기쁜 구간에서는 밝고 생동감 있는 리버브를 적용한다.

어댑티브 홀 시뮬레이션(Adaptive Hall Simulation)은 연주 내용에 따라 가상 콘서트홀의 크기와 특성을 실시간으로 변화시킨다. 웅장한 클라이맥스에서는 대형 콘서트홀의 리버브로, 친밀한 독백 같은 구간에서는 작은 살롱의 리버브로 자동 전환된다. 이는 청중에게 마치 여러 다른 공간에서 연주를 듣는 듯한 다채로운 경험을 제공한다.

컨텍스추얼 리버브 엔진(Contextual Reverb Engine)은 곡의 역사적 · 문화적 맥락까지 고려한 리버브를 제공한다. 바로크 음악에는 당시의 교회나 궁정 홀의 음향을, 낭만파 음악에는 19세기 콘서트홀의 웅장한 리버브를 적용한다. 이는 단순한 음향 효과를 넘어 음악의 본래 의도와 시대적 감성을 복원하는 역할을 한다.

퍼포먼스 인텐트 애널라이저(Performance Intent Analyzer)는 연주자의 표현 의도를 분석해 그에 맞는 공간감을 조성한다. 연주자가 친밀하고 개인적인 표현을 시도할 때는 가까운 거리감의 리버브를, 웅장하고 극적인 표현을 할 때는 넓고 깊이 있는 공간감의 리버브를 자동으로 선택한다.

실시간 자동화와 동적 제어

전통적인 리버브 시스템은 고정된 설정으로 작동했지만, AI 기반 시스템은 연주 중에 실시간으로 파라미터를 조절한다.

다이내믹 리버브 컨트롤(Dynamic Reverb Control)은 연주의 음량 변화에 따라 리버브의 양과 특성을 자동으로 조절한다. 포르테시모에서는 리버브 양을 줄여 명료도를 유지하고, 피아니시모에서는 리버브를 늘려 풍부한 공간감을 만든다. 프리퀀시 셀렉티브 프로세싱(Frequency-Selective Processing)은 연주되는 음의 주파수 대역에 따라 리버브 처리를 다르게 한다. 고음역에서는 밝고 투명한 리버브를, 중음역에서는 따뜻하고 자연스러운 리버브를, 저음역에서는 깊이 있고 안정된 리버브를 적용한다. 이는 각 주파수 대역의 특성을 최대한 살리면서도 전체적인 조화를 유지한다. 템포 싱크로나이즈드 리버브(Tempo-Synchronized Reverb)는 연주의 템포 변화에 맞춰 리버브의 시간적 특성을 조절한다. 빠른 패시지에서는 짧은 리버브로 명확한 아티큘레이션을 돕고, 느린 구간에서는 긴 리버브로 서정적인 분위기를 조성한다. 루바토나 리타르단도 같은 미묘한 템포 변화도 실시간으로 감지해 그에 맞는 조절을 한다.

폴리포닉 리버브 매니지먼트(Polyphonic Reverb Management)는 다성 음악에서 각 성부별로 다른 리버브 처리를 제공한다. 주선율은 명확하게, 반주 성부는 배경으로 자연스럽게 블렌딩되도록 각각 다른 리버브 설정을 적용한다. 이는 복잡한 폴리포니 텍스처에서도 각 성부의 독립성과 전체적 통일성을 동시에 확보한다.

공연장 시뮬레이션과 가상 음향

AI 기술을 활용하면 전 세계 유명 콘서트홀의 음향을 정밀하게 재현할 수 있다. 비엔나 콘체르트하우스(Vienna Konzerthaus), 베를린 필하모니(Berlin Philharmonie), 카네기 홀(Carnegie Hall) 등의 임펄스 반응(Impulse Response)을 AI가 분석하고 모델링하여, 어떤 공간에서도 이들 명홀의 음향을 경험할 수 있게 한다. 알티버브(Altiverb)는 이 분야의 선구적 도구로, 수백 개의 실제 공간을 샘플링한 데이터베이스를 제공한다.

버추얼 콘서트 홀 제너레이터(Virtual Concert Hall Generator)는 한 걸음 더 나아가 사용자가 원하는 특성의 가상 홀을 생성한다. 홀의 크기, 형태, 재료, 청중 수 등을 설정하면 AI가 해당 조건에 맞는 음향 특성을 계산하고 리버브로 구현한다. 이를 통해 연주자는 이상적인 공연 환경을 가상으로 경험해 볼 수 있다.

이머시브 오디오 렌더러(Immersive Audio Renderer)는 3D 오디오 기술과 AI를 결합해 더욱 현실적인 공간감을 구현한다. 바이노럴 렌더링(Binaural Rendering)을 통해 헤드폰만으로도 실제 콘서트홀에 앉아 있는 듯한 몰입감을 제공하며, 청중의 위치(1층 정면, 2층 발코니, 무대 뒤편 등)에 따른 다른 음향 경험도 시뮬레이션할 수 있다.

어쿠스틱 모델링 스위트(Acoustic Modeling Suite)는 건축 음향학적 원리에 기반한 정밀한 시뮬레이션을 제공한다. 벽면의 반사 특성, 천장의 높이와 각도, 좌석의 배치와 재료 등을 모두 고려하여 물리적으로 정확한 음향 모델을 생성한다. 이 기술은 실제 공연장 설계나 음향 개선 작업에도 활용될 수 있을 만큼 정밀하다.

실용적 설정과 최적화 가이드

AI 리버브 시스템을 효과적으로 활용하기 위해서는 올바른 설정과 최적화가 필요하다. 먼저 입력 신호의 품질이 중요하다. 고품질 마이크와 오디오 인터페이스를 사용하고, 적절한 마이킹 기법을 적용해야 AI가 정확한 분석을 수행할 수 있다. 마이크의 위치는 악기와의 거리를 적절히 유지하여 직접음과 공간음의 균형을 맞추는 것이 핵심이다.

레이턴시(latency) 관리도 중요한 고려사항이다. 실시간 연주에서는 20ms 이하의 지연 시간이 권장되며, 이를 위해 에이시오(ASIO) 드라이버 사용과 적절한 버퍼 크기 설정이 필요하다. 또한 컴퓨터의 CPU 성능에 따라 리버브 품질을 조정해야 한다. 라이브 연주에서는 안정성이 최우선이므로, 과도한 고품질 옵션보다는 안정적인 처리를 우선하는 것이 바람직하다.

모니터링 환경의 구축도 필수적이다. 리버브 효과를 정확히 판단하기 위해서는 평탄한 주파수 응답을 가진 모니터 스피커나 헤드폰을 사용해야 한다. 또한 모니터링 공간 자체의 음향 특성도 고려해야 한다. 지나치게 울리는 공간에서는 리버브 효과의 판단이 왜곡될 수 있기 때문이다.

백업 시스템의 준비도 중요하다. 라이브 공연에서 AI 시스템이 오작동할 경우를 대비해 단순한 하드웨어 리버브나 기본 소프트웨어 리버브를 보조적으로 마련해 두어야 한다. 아울러 사전에 충분한 테스트를 거쳐 다양한 상황에 대한 대응 방안을 준비하는 것이 안정적인 공연 운영에 필수적이다.

참고문헌

박은주(2025). "제한된 연주 공간을 위한 사용자 주도형 리버브 생성 시스템 개발 연구". 상명대학교 대학원 학위논문. https://www.riss.kr/link?id=T17322140

Campbell, D. et al.(2024). ActiveRIR: Active Audio-Visual Exploration for Acoustic Environment Modeling. arXiv preprint. https://arxiv.org/pdf/2404.16216.pdf

Dervakos, E. et al.(2025). Go witheFlow: Real-time Emotion Driven Audio Effects Modulation. arXiv preprint. https://arxiv.org/pdf/2510.02171.pdf

Prawda, K. et al.(2025). Differentiable scattering delay networks for artificial reverberation. Proceedings of the 28th International Conference on Digital Audio Effects(DAFx25). https://re.public.polimi.it/retrieve/232e5e64-10bb-4f0d-829d-89a6c0847507/DAFx25___Differentiable_SDN.pdf

Yeh, C.-Y. & Tsay, Y.-S.(2021). Using machine learning to predict indoor acoustic indicators of multi-functional activity centers. Applied Sciences, 11(12), 5641. https://www.mdpi.com/2076-3417/11/12/5641/pdf

07
연주 데이터

연주자가 자신의 실력을 객관적으로 파악하는 것은 발전의 첫걸음이다. 주관적 평가나 본인의 감각에 의존할 수밖에 없었지만, 이제 연주의 모든 요소를 정밀하게 측정하고 분석할 수 있게 되었다. AI 분석 도구들은 음정 정확도, 리듬 안정성, 다이내믹 일관성뿐만 아니라 표현력, 감정 전달력까지 수치화한다. 데이터 기반 접근법은 효율적인 연습 전략을 수립하며, 객관적인 목표를 설정하는 데 도움을 준다. 이 장에서는 데이터 수집, 분석, 활용 방법과 실력 향상 전략을 구체적으로 살펴본다.

AI와 애니메이션?

다차원 연주 분석 시스템

AI 연주 분석의 핵심은 연주의 다양한 측면을 동시에 측정하고 평가하는 것이다. Pitch Perfect Analyzer(음정 정확도 분석기)는 음정 정확도를 센트(cent) 단위까지 정밀하게 측정한다. 단순히 틀렸다/맞다를 넘어서, 얼마나 높거나 낮은지, 어떤 패턴으로 벗어나는지를 상세히 분석한다. 예를 들어, 특정 조성에서 항상 3도 음정이 높게 나오거나, 감정이 고조될 때 전반적으로 음정이 상승하는 경향 등을 포착한다.

리듬 정밀 분석 모듈(Rhythm Precision Suite)은 리듬의 정확성을 마이크로초 단위까지 분석한다. 메트로놈과의 동기화 정도뿐만 아니라, 개인만의 독특한 리듬 해석이나 루바토 패턴까지 식별한다. 또한 복합 리듬이나 변박자에서의 안정성도 별도로 평가해 연주자의 리듬감 수준을 다각도로 측정한다.

다이내믹 범위 분석기(Dynamic Range Analyzer)는 다이내믹의 폭과 일관성을 평가한다. 피아니시모부터 포르테시모까지의 음량 범위, 크레셴도와 디미누엔도의 자연스러움, 다이내믹 변화의 예측 가능성 등을 수치화한다. 이는 연주자의 음량 조절 능력과 표현력을 객관적으로 측정하는 지표가 된다.

음색 분석 엔진(Timbre Analysis Engine)은 음색의 품질과 일관성을 분석한다. 배음 구조, 어택의 명확성, 서스테인의 안정성, 디케이의 자연스러움 등을 종합적으로 평가한다. 같은 음정이라도 어떤 음색으로 연주하는지, 다른 음역대에서 음색의 통일성이 유지되는지 등을 상세히 분석한다.

개인 연주 패턴의 발견

AI 분석의 가장 흥미로운 부분 중 하나는 연주자가 의식하지 못하는 개인만의 연주 패턴을 발견하는 것이다. 연주 지문 시스템(Performance Fingerprint System)은 수개월간의 연주 데이터를 분석해 연주자만의 고유한 특징을 추출한다. 특정 화성 진행에서 나타나는 템포 변화, 고음역에서의 음정 경향, 감정적 클라이맥스에서의 다이내믹 패턴 등 개인만의 '연주 지문'을 만들어 낸다.

습관 탐지 AI(Habit Detection AI)는 무의식적인 연주 습관들을 식별한다. 어려운 패시지 직전에 항상 미세하게 속도를 줄이는 경향, 특정 음에서 반복적으로 나타나는 음정 편차, 긴장했을 때 나타나는 리듬 변화 패턴 등을 포착한다. 이러한 습관들 중 일부는 개성으로 발전시킬 수 있고, 일부는 교정이 필요한 문제점일 수 있다.

감정 표현 매핑(Emotional Expression Mapping)은 연주자의 감정 표현 방식을 분석한다. 슬픈 감정을 표현할 때 주로 템포를 늦추는지 다이내믹을 줄이는지, 기쁜 감정을 나타낼 때 음정을 높이는지 리듬을 활발하게 하는지 등 개인만의 감정 표현 코드를 해독한다. 이는 연주자가 자신의 표현 방식을 이해하고 더욱 효과적인 감정 전달 방법을 개발하는 데 도움이 된다.

일관성 추적기(Consistency Tracker)는 연주의 일관성을 장기적으로 모니터링한다. 같은 곡을 여러 번 연주했을 때 어떤 부분이 항상 안정적이고 어떤 부분이 변동이 큰지 분석한다. 또한 연주 환경, 시간대, 컨디션에 따른 연주 품질의 변화도 추적해 최적의 연주 조건을 찾아 준다.

성장 추적과 목표 설정

연주 실력의 발전을 객관적으로 측정하고 추적하는 것은 동기 부여와 효율적인 연습을 위해 필수적이다. 진행 시각화 대시보드(Progress Visualization Dashboard)는 다양한 연주 지표들의 변화를 시각적으로 보여 준다. 음정 정확도, 리듬 안정성, 표현력 점수 등이 시간에 따라 어떻게 변화했는지 그래프로 확인할 수 있어, 자신의 발전을 실감할 수 있다.

기술 발달 추적기(Skill Development Tracker)는 특정 기술이나 기법의 습득 과정을 세밀하게 추적한다. 트릴, 스케일, 아르페지오 같은 기본 기술부터 복잡한 폴리포니나 루바토 같은 고급 표현 기법까지, 각각의 완성도가 어떻게 향상되고 있는지 개별적으로 모니터링한다.

벤치마크 비교 시스템(Benchmark Comparison System)은 연주자의 현재 수준을 다양한 기준과 비교해 보여 준다. 같은 연령대, 같은 학습 기간, 같은 곡을 연주하는 다른 연주자들과의 비교를 통해 자신의 상대적 위치를 파악할 수 있다. 이는 현실적인 목표 설정과 동기 부여에 도움이 된다.

목표 달성 분석(Goal Achievement Analytics)은 설정한 목표의 달성 가능성을 데이터 기반으로 예측한다. 현재까지의 발전 속도와 패턴을 분석해 특정 목표를 달성하는 데 필요한 시간과 노력을 예상한다. 또한 목표가 너무 높거나 낮게 설정되었는지도 평가해 적절한 조정을 제안한다.

연습 효율성 분석

단순히 연습 시간을 늘리는 것보다 효율적인 연습이 더

중요하다는 것은 잘 알려진 사실이다. 연습 품질 분석기(Practice Quality Analyzer)는 연습의 질을 다각도로 평가한다. 연습 중 집중도, 반복 연습의 효과성, 오류 수정 속도, 새로운 내용 학습률 등을 종합해 연습의 효율성을 점수화한다.

집중 패턴 인식(Focus Pattern Recognition)은 연주자의 집중력 패턴을 분석한다. 하루 중 어느 시간대에 가장 집중력이 높은지, 얼마나 오래 집중할 수 있는지, 휴식 후 회복 시간은 얼마나 되는지 등을 파악한다. 이를 바탕으로 개인에게 최적화된 연습 스케줄을 제안한다.

오류 수정 효율성(Error Correction Efficiency)은 실수 교정 과정의 효율성을 측정한다. 같은 실수를 몇 번 반복하는지, 실수를 인지하는 데 걸리는 시간, 교정 후 재발 빈도 등을 분석한다. 이는 연주자의 학습 스타일과 문제 해결 능력을 이해하는 데 도움이 된다.

학습 유지율 분석(Retention Rate Analysis)은 학습한 내용의 기억 지속성을 평가한다. 새로 배운 곡이나 기법이 시간이 지나면서 얼마나 잘 유지되는지 추적한다. 이를 통해 개인에게 맞는 복습 주기와 방법을 찾을 수 있다.

경쟁력 분석과 포지셔닝

음악계에서 연주자로서의 경쟁력을 객관적으로 파악하는 것은 전략적 계획 수립에 중요하다. 경쟁 분석 도구 모음(Competitive Analysis Suite)은 비슷한 연령대, 경력, 전공의 다른 연주자들과의 비교 분석을 제공한다. 기술적 완성도, 레퍼토리의 폭, 표현력 등 다양한 측면에서 자신의 상대적 위치를 파악할 수 있다.

시장 포지셔닝 도구(Market Positioning Tool)는 연주자의 강점과 약점을 시장 관점에서 분석한다. 어떤 장르나 스타일에서 특히 경쟁력이 있는지, 어떤 청중층에게 어필할 수 있는지, 차별화할 수 있는 요소는 무엇인지 등을 데이터 기반으로 제시한다.

고유성 식별기(Uniqueness Identifier)는 연주자만의 독특한 특징을 찾아낸다. 다른 연주자들과 구별되는 고유한 음색, 해석 방식, 표현 기법 등을 식별해 개성화 전략을 수립할 수 있도록 돕는다. 이는 단순한 기술적 완성도를 넘어서 예술적 정체성을 구축하는 데 도움이 된다.

트렌드 분석 엔진(Trend Analysis Engine)은 음악계의 트렌드 변화를 분석해 연주자의 미래 경쟁력을 예측한다. 어떤 스타일이나 레퍼토리가 인기를 얻고 있는지, 청중의 취향이 어떻게 변화하고 있는지 등을 분석해 전략적 대응 방안을 제시한다.

데이터 기반 의사 결정 시스템

수집된 연주 데이터를 바탕으로 한 합리적 의사 결정은 연주자의 발전에 큰 도움이 된다. 레퍼토리 추천 엔진(Repertoire Recommendation Engine)은 연주자의 현재 수준과 목표를 바탕으로 다음에 도전할 곡목을 추천한다. 기술적 발전을 위한 곡, 표현력 향상을 위한 곡, 경쟁력 강화를 위한 곡 등을 목적에 따라 구분해 제시한다.

연습 우선순위 최적화기(Practice Priority Optimizer)는 한정된 연습 시간을 가장 효율적으로 배분하는 방법을 제안한다. 현재 취약한 부분, 예정된 공연의 중요도, 각 기술의 습득 난이도 등을 종합 고려해 연습 우선순위와 시간 배분을 최적화한다.

공연 준비도 평가기(Performance Readiness Evaluator)는 특정 공연이나 오디션에 대한 준비도를 객관적으로 평가한다. 곡의 완성도, 안정성, 표현력 등을 종합해 현재 수준에서 성공 가능성을 예측하고, 추가 준비가 필요한 부분을 구체적으로 제시한다.

커리어 경로 조언자(Career Path Advisor)는 장기적인 관점에서 연주자의 경력 개발을 조언한다. 현재의 강점과 약점, 시장의 기회와 위협, 개인의 목표와 가치관 등을 종합 분석해 최적의 경력 경로를 제안한다. 콩쿠르 참가 시기, 유학 결정, 전문 분야 선택 등의 중요한 의사 결정에 객관적 근거를 제공한다.

참고문헌

Cancino-Chacón, C. E. et al.(2018). Computational Models of Expressive Music Performance: A Comprehensive and Critical Review. Frontiers in Digital Humanities, 5, 25. http://carloscancinochacon.com/documents/peer_reviewed/CancinoEtAl-FIDH-2018.pdf

Lerch, A. et al.(2019). Music Performance Analysis: A Survey. Proceedings of the 20th International Society for Music Information Retrieval Conference(ISMIR). https://archives.ismir.net/ismir2019/paper/000002.pdf

Lerch, A. et al.(2021). An Interdisciplinary Review of Music Performance Analysis. arXiv preprint. https://arxiv.org/pdf/2104.09018.pdf

08
평가와 순환

연주자의 발전은 단발적인 성취가 아니라 지속적인 순환 과정 속에서 이루어진다. 평가, 분석, 개선, 그리고 재평가의 반복을 통해서만 진정한 성장이 가능하다. AI 기반 평가 도구들은 매일의 연습을 종합적으로 분석하고, 개인 맞춤형 개선 방안을 제시한다. 또한 성장 패턴을 파악하여 정체기나 슬럼프를 예측하고, 이에 대한 선제적 대응책을 제공한다. 이 장에서는 AI 기반 평가 시스템의 구축과 운영, 그리고 이를 통한 지속 가능한 성장 전략을 구체적으로 살펴본다.

AI와 인재 채용?

종합적 평가 프레임워크

효과적인 평가 시스템의 핵심은 연주의 다양한 측면을 균형 있게 측정하는 데 있다. 홀리스틱 평가 인공지능(Holistic Assessment AI)은 기술적 완성도, 음악적 해석, 감정적 전달력, 무대 매너까지 포함한 종합적 평가를 제공한다. 각 영역별로 세부 지표를 설정하고 가중치를 부여함으로써 전체적인 연주 수준을 객관적으로 진단한다.

기술 역량 분석기(Technical Proficiency Analyzer)는 연주의 기술적 측면을 정밀하게 분석한다. 음정 정확도, 리듬 안정성, 톤 품질, 아티큘레이션 명확성, 다이내믹 조절 능력 등을 각각 0~100점 척도로 평가하며, 연령대별 평균값과 비교해 상대적 수준도 제시한다.

음악 해석 평가기(Musical Interpretation Evaluator)는 음악적 해석의 깊이와 창의성을 측정한다. 악보 지시 사항의 이행도, 스타일적 적절성, 구조적 이해도, 개인적 해석의 설득력을 종합적으로 판단한다. 이는 단순한 기계적 연주를 넘어 예술적 가치를 평가하는 중요한 지표다.

공연 소통 지수(Performance Communication Index)는 연주자와 청중 간의 소통 능력을 분석한다. 표정, 몸짓, 시선 처리, 무대 존재감 등 시각적 요소와 음악적 메시지 전달력을 종합하여 평가한다. 이는 특히 공연 활동에서 중요한 평가 항목이다.

개인화된 평가 기준

모든 연주자가 같은 기준으로 평가받을 필요는 없다. AI 시스템은 개인의 수준, 목표, 특성에 맞춘 맞춤형 평가 기준을 설정한다.

적응형 평가 시스템(Adaptive Evaluation System)은 연주자의 과거 성과와 발전 속도를 분석해 개인에게 적절한 도전 수준을 설정한다. 초보자에게는 기본적인 기술 습득에 집중한 평가를, 숙련자에게는 예술적 완성도를 중시한 평가를 제공한다.

목표 지향 평가(Goal-Oriented Assessment)는 연주자가 설정한 목표에 따라 평가 기준을 조정한다. 콩쿠르 참가를 목표로 하는 연주자에게는 기술적 완벽성을 강조하고, 교육자를 목표로 하는 연주자에게는 소통 능력과 해석의 다양성을 중시한다. 이는 개인의 진로와 직결된 실용적 평가를 가능하게 한다.

문화 맥락 평가기(Cultural Context Evaluator)는 연주자의 문화적 배경을 고려한 평가를 제공한다. 서양 클래식 음악을 연주하는 동양권 연주자, 전통 음악과 현대 음악을 병행하는 연주자 등 각자의 특수한 상황을 반영해 평가 기준을 조정한다. 이는 획일적 기준의 한계를 극복하고 다양성을 인정하는 평가 체계다.

학습 스타일 적응(Learning Style Adaptation)은 개인의 학습 스타일에 맞춘 평가 방식을 제공한다. 시각적 학습자에게는 그래프와 차트 중심의 피드백을, 청각적 학습자에게는 음성 해설과 예시 연주를, 체감각적 학습자에게는 실습 위주의 개선 방안을 제시한다.

지속적 모니터링 시스템

진정한 성장을 위해서는 특정 시점의 평가가 아닌 지속적인 모니터링이 필요하다.

지속적 성과 추적기(Continuous Progress Tracker)는 매일의 연습을 자동으로 분석하고 누적 데이터를 구축한다. 작은 변화들도 놓치지 않고 기록하여 장기적인 성장 패턴을 파악한다.

트렌드 분석 엔진(Trend Analysis Engine)은 개인의 성장 곡선을 분석해 미래의 발전 방향을 예측한다. 현재까지의 발전 속도와 패턴을 바탕으로 앞으로 몇 개월 후의 예상 수준을 제시하며, 성장률이 둔화되거나 정체기에 진입할 가능성을 미리 경고한다.

정체기 감지 AI(Plateau Detection AI) 는 실력 향상의

정체기를 조기에 감지한다. 여러 지표들의 변화율이 일정 기간 동안 임계값 이하로 떨어지면 정체기로 판단하고, 이를 극복할 수 있는 구체적인 방안을 제시한다. 새로운 도전 과제, 다른 접근법, 휴식의 필요성 등을 상황에 맞게 조언한다.

번아웃 예방 시스템(Burnout Prevention System)은 과도한 연습이나 스트레스로 인한 번아웃 위험을 모니터링한다. 연습 시간, 집중도, 성과 지표의 변화를 종합 분석해 심리적 소진 가능성을 예측하고, 예방적 조치를 제안한다. 적절한 휴식, 동기 부여 활동, 목표 조정 등의 방안을 제시한다.

피드백 루프의 최적화

효과적인 성장을 위해서는 평가-개선-재평가의 순환이 원활하게 이루어져야 한다. 스마트 피드백 루프(Smart Feedback Loop)는 평가 결과를 바탕으로 구체적인 개선 방안을 제시하고, 그 효과를 지속적으로 모니터링한다. 제안된 방법이 실제로 효과가 있는지 검증하고, 필요 시 다른 접근법을 시도한다.

점진적 개선 시스템(Iterative Improvement System)은 작은 개선들이 누적되어 큰 발전으로 이어지도록 돕는다. 한 번에 많은 것을 바꾸려 하기보다, 우선순위에 따라 하나씩 차근차근 개선해 나가는 체계적 접근법을 제공한다. 각 단계의 목표가 달성되면 다음 단계로 진행하는 구조화된 프로세스다.

증거 기반 조정(Evidence-Based Adjustment)은 데이터에 기반한 방법론 조정을 실시한다. 특정 연습 방법이나 학습 전략이 개인에게 효과적인지 객관적으로 검증하고, 효과가 미미하면 다른 방법을 시도한다. 이는 개인에게 최적화된 학습 방법을 찾아가는 과정이다.

성공 패턴 인식(Success Pattern Recognition)은 성공적인 개선 사례의 패턴을 분석해 재현 가능한 방법론을 추출한다. 어떤 조건에서, 어떤 방법으로 연습했을 때 가장 큰 효과를 얻었는지 분석하여 일종의 "성공 공식"을 도출한다.

동기 부여와 지속성 관리

장기적인 성장을 위해서는 지속적인 동기 부여가 필수적이다.

동기 추적 시스템(Motivation Tracking System)은 연주자의 동기 수준을 지속적으로 모니터링한다. 연습 참여도, 목표 달성률, 만족도 조사 등을 통해 동기 상태를 파악하고, 저하될 경우 적절한 개입을 한다.

게임화 엔진(Gamification Engine)은 게임적 요소를 도입해 연습을 더 재미있게 만든다. 업적 달성, 레벨 업, 리더보드, 배지 수집 등의 기능을 통해 성취감을 제공하고 지속적인 참여를 유도한다. 특히 젊은 연주자들에게 효과적인 동기 부여 방법이다.

동료 비교 분석(Peer Comparison Analytics)은 다른 연주자들과의 건전한 경쟁을 통해 동기를 부여한다. 비슷한 수준의 연주자들과 익명으로 성과를 비교하고, 상호 격려할 수 있는 커뮤니티 기능을 제공한다. 과도한 경쟁보다는 상호 발전을 지향하는 건설적 환경을 조성한다.

성취 인정 시스템(Achievement Recognition System)은 크고 작은 성취들을 체계적으로 인정하고 축하한다. 새로운 곡 완주, 기술적 돌파구 달성, 일정 기간 꾸준한 연습 등 다양한 성취를 인정해 지속적인 성취감을 제공한다. 이는 장기적 동기 유지에 중요한 역할을 한다.

예측적 개입과 선제적 지원

AI 시스템의 가장 큰 장점 중 하나는 문제가 발생하기 전에 예측하고 대응할 수 있다는 것이다.

예측적 개입 AI(Predictive Intervention AI)는 다양한

지표들을 종합 분석해 향후 발생할 수 있는 문제들을 예측한다. 학습 부진, 동기 저하, 부상 위험 등을 미리 감지하고 예방 조치를 제안한다.

조기 경보 시스템(Early Warning System)은 연주자의 상태 변화를 실시간으로 감지한다. 연습 패턴의 급격한 변화, 성과 지표의 하락 추세, 스트레스 수준의 증가 등을 조기에 포착해 적절한 개입 시점을 알려준다. 이는 큰 문제로 발전하기 전에 선제적 대응을 가능하게 한다.

적응형 지원 제공(Adaptive Support Provision)은 개인의 상황과 필요에 맞는 맞춤형 지원을 제공한다. 기술적 어려움을 겪고 있으면 추가 연습 자료를, 동기가 저하되면 격려 메시지와 성공 사례를, 스트레스가 높으면 휴식과 회복 방안을 제시한다.

자원 배분 최적화(Resource Allocation Optimizer)는 한정된 시간과 에너지를 가장 효과적으로 활용할 수 있도록 돕는다. 현재 상태와 목표를 고려해 어떤 영역에 얼마만큼의 노력을 투입해야 최대 효과를 얻을 수 있는지 계산하고 제안한다.

참고문헌

Huang, Y. & Lerch, A.(2019). Automatic assessment of

sight-reading exercises. Proceedings of the 20th International Society for Music Information Retrieval Conference (ISMIR), pp.103~110. https://archives.ismir.net/ismir2019/paper/000103.pdf

Li, Z. & Chen, H.(2025). AI-Driven Violin Performance Evaluation: A Deep Learning Framework. ACM Transactions on Multimedia Computing, Communications, and Applications. https://dl.acm.org/doi/pdf/10.1145/3734921.3734941

Lu, L.(2025). AI-powered Intelligent Music Education Systems for Real-time Feedback and Performance Assessment. International Journal of Information and Communication Technology, 26(18), pp.33~47. https://www.inderscienceonline.com/doi/pdf/10.1504/IJICT.2025.146690

Pati, K. A. et al.(2018). Assessment of student music performances using deep neural networks. Applied Sciences, 8(4), 507. https://www.mdpi.com/2076-3417/8/4/507/pdf

Phanichraksaphong, V.(2023). Automatic Assessment of Piano Performances Using Timbre and Pitch Features. Electronics, 12(8), 1791. https://www.mdpi.com/2079-9292/12/8/1791/pdf

09

공연 확장

전통적인 공연은 물리적 공간과 시간의 제약 속에서 이루어졌다. 특정 장소에서, 정해진 시간에, 제한된 청중을 대상으로 하는 일회성 이벤트였다. 그러나 AI 기술과 디지털 혁신은 이러한 공연의 경계를 새롭게 정의하고 있다. AI는 개별 청중의 취향에 맞춘 맞춤형 공연, 실시간 상호작용이 가능한 몰입형 경험, 시공간을 초월한 협업 공연까지 가능하게 한다. 이 장에서는 AI 기술을 활용해 공연의 영역을 확장하고, 새로운 형태의 음악적 경험을 창조하는 구체적인 방법들을 살펴본다.

AI와 기자?

가상현실과 증강현실 공연

VR와 AR 기술의 발전으로 연주자들은 새로운 차원의 공연 경험을 제공할 수 있게 되었다. VR챗 콘서트(VRChat Concerts)는 가상현실 공간에서 열리는 공연으로, 전 세계 어디서든 참여할 수 있다. AI는 참가자들의 아바타 움직임을 분석해 실시간으로 청중의 반응을 파악하고, 그에 따라 공연 내용이나 시각적 효과를 조정한다.

호라이즌 베뉴스(Horizon Venues)는 메타버스 기반 공연장으로, AI가 음악에 맞춰 가상 환경을 실시간으로 변화시킨다. 클래식 음악에는 웅장한 콘서트홀을, 재즈에는 친밀한 클럽을, 현대 음악에는 미래적 공간을 자동으로 생성한다. 연주자는 물리적 제약 없이 어떤 환경에서도 공연할 수 있으며, 청중은 현실에서 불가능한 시각적 경험을 얻게 된다.

매직 리프 2(Magic Leap 2)를 활용한 AR 공연은 현실 공간 위에 가상 요소를 더한다. 연주자 주위에 3D 홀로그램이 나타나고, 음악에 맞춰 공간 전체가 변화하는 것처럼 보인다. AI는 연주 내용을 실시간 분석해 적절한 시각 효과를 선택하고, 관객 개개인의 위치와 시선 방향에 맞춘 최적화된 AR 경험을 제공한다.

스페이셜 오디오 시스템(Spatial Audio System)은 3D

음향 기술과 AI를 결합해 공간적 몰입감을 극대화한다. 청중이 가상공간에서 이동하면 그에 따라 소리의 방향과 거리감이 자연스럽게 변하며, 실제 콘서트홀에서 자리를 옮겨 다니는 듯한 경험을 가능하게 한다.

개인화된 실시간 스트리밍

AI 기술을 활용하면 각 시청자에게 최적화된 개인화 공연을 제공할 수 있다. 어댑티브 스트리밍 플랫폼(Adaptive Streaming Platform)은 시청자의 과거 시청 기록, 실시간 반응, 선호도를 분석해 같은 공연이라도 개인별로 다른 경험을 제공한다. 어떤 시청자에게는 연주자의 손가락 움직임을 클로즈업으로, 다른 시청자에게는 전체 무대를 와이드 숏으로 보여 주는 식이다.

인터랙티브 콘서트 엔진(Interactive Concert Engine)은 시청자의 실시간 참여를 가능하게 한다. 채팅, 이모지, 박수 소리 등을 AI가 분석해 연주에 반영한다. 청중이 앙코르를 요청하면 실제로 추가 연주가 이어지고, 특정 곡에 대한 요청이 많으면 즉석에서 연주하는 상호작용도 가능하다.

멀티 카메라 AI 디렉터(Multi-Camera AI Director)는 여러 대의 카메라를 지능적으로 제어해 최적의 화면을 제공한다. 연주의 감정적 변화, 기술적 난이도, 청중의 관심도를 실시간으로 분석해 가장 적절한 앵글과 화면 전환을 자동으로 선택한다. 이는 전문 방송 감독이 없어도 고품질의 공연 영상을 연출할 수 있게 한다.

퍼스널라이즈드 오디오 믹스(Personalized Audio Mix)는 각 시청자의 음향 선호도에 맞춘 개별 믹싱을 제공한다. 어떤 사람은 저음을 강조한 믹스를, 다른 사람은 고음을 선명하게 처리한 믹스를 듣는다. 또한 청취 환경(헤드폰, 스피커, 모바일 등)에 따라 자동으로 최적화된다.

AI 기반 협업 공연

지리적으로 떨어진 연주자들 간의 실시간 협업도 AI 기술로 가능해졌다. 레이턴시 컴펜세이션 AI(Latency Compensation AI)는 인터넷 지연 시간을 예측하고 보정해 원격 연주자들이 정확한 타이밍으로 연주할 수 있게 한다. 각 연주자의 연주 패턴을 학습해 다음 음을 예측하고, 네트워크 지연을 상쇄한다.

버추얼 앙상블 플랫폼(Virtual Ensemble Platform)은 전 세계 연주자들이 함께 하나의 작품을 연주할 수 있도록 한다. AI 지휘자가 각 파트의 템포와 다이내믹을 실시간으로 조정해 통일된 연주를 만들어 낸다. 또한 각 연주자의 실력 수준을 분석해 적합한 파트를 배정하고, 부족한 부분은 AI가 생성한 보조 파트로 보완한다.

크로스 컬처럴 퓨전 AI(Cross-Cultural Fusion AI)는 서로 다른 음악 전통을 가진 연주자들의 협업을 지원한다. 서양 클래식과 국악, 재즈와 인도 음악 등 이질적인 요소들을 자연스럽게 융합하는 방안을 제시한다. 각 전통의 특징을 분석하고 공통점을 찾아 조화로운 협업을 가능하게 한다.

어싱크 투 싱크 컨버터(Async-to-Sync Converter)는 비동기적으로 녹음된 개별 연주들을 동기화해 하나의 완성된 작품으로 결합한다. 서로 다른 시간과 장소에서 녹음한 연주를 AI가 분석해 템포와 음향을 조정함으로써, 마치 동시에 연주한 것처럼 자연스러운 결과물을 만들어 낸다.

혁신적 공연 형태의 창조

AI는 기존에 상상하기 어려웠던 새로운 형태의 공연을 가능하게 한다. 제너러티브 퍼포먼스 AI(Generative Performance AI)는 연주자의 즉흥 연주에 실시간으로 반응해 새로운 음악적 요소를 더한다. 화성, 리듬, 멜로디를 분석해 어울리는 반주나 대선율을 즉석에서 생성함으로

써, 인간과 AI가 함께 즉흥적으로 음악을 만들어 낸다.

이모션 리스폰시브 인바이런먼트(Emotion-Responsive Environment)는 연주자와 청중의 감정 상태를 실시간으로 분석해 이에 맞는 공연 환경을 조성한다. 표정 인식, 심박수 측정, 뇌파 분석 등을 활용해 감정을 파악하고, 조명, 온도, 심지어 향기까지 변화시켜 최적의 몰입 경험을 제공한다.

타임 시프티드 퍼포먼스(Time-Shifted Performance)는 시간의 제약을 뛰어넘는 공연 방식을 제안한다. 이미 세상을 떠난 거장들의 연주 스타일을 AI가 학습해 현재 연주자와 가상 듀엣을 가능하게 하거나, 현재의 연주를 AI가 재해석해 미래적 버전으로 동시에 들려주는 방식이다. 이는 청중에게 일종의 음악적 시간 여행을 제공한다.

인터랙티브 내러티브 콘서트(Interactive Narrative Concert)는 연주와 스토리텔링을 결합한 새로운 형식이다. AI가 청중의 선택에 따라 이야기를 전개하고, 이에 맞는 음악이 즉시 연주된다. 청중이 스토리의 방향을 결정하면 연주자는 그에 맞는 곡을 연주하고, AI는 자연스러운 전환과 연결을 지원해 몰입형 서사적 공연을 완성한다.

데이터 기반 청중 확장

AI 분석을 통해 잠재적 청중을 발굴하고 확장하는 것은 현대 공연 전략의 핵심이다. 오디언스 디스커버리 엔진(Audience Discovery Engine)은 소셜 미디어, 스트리밍 플랫폼, 온라인 활동 데이터를 분석해 클래식 음악에 관심을 가질 만한 잠재적 청중을 찾아낸다. 영화 OST를 자주 듣는 사람, 명상 음악을 선호하는 사람, 문화 예술 콘텐츠에 관심을 가진 사람 등을 타깃으로 설정하여 새로운 관객층을 형성한다.

바이럴 콘텐츠 제너레이터(Viral Content Generator)는 소셜 미디어에서 화제가 될 수 있는 콘텐츠를 기획한다. 현재 트렌드를 분석해 클래식 음악과 연결 지점을 발굴하고, 짧은 클립, 챌린지 형식, 밈과의 결합 등 바이럴 가능성이 높은 형태로 공연을 편집해 제안한다. 이를 통해 기존의 클래식 청중층을 넘어 대중적 확산을 가능하게 한다.

크로스 플랫폼 옵티마이제이션(Cross-Platform Optimization)은 각 플랫폼의 특성에 맞는 최적화된 콘텐츠를 자동으로 생성한다. YouTube에는 긴 형태의 완전한 연주 영상을, TikTok에는 짧고 임팩트 있는 클립을, Instagram에는 시각적으로 아름다운 장면을 중심으로 편집해 배포한다. 이렇게 플랫폼별 전략을 차별화함으로써 청중 접점을 극대화할 수 있다.

커뮤니티 빌딩 AI(Community Building AI)는 공연을 중심으로 팬 커뮤니티의 형성과 유지에 기여한다. 공연 후 관객들의 반응을 분석해 가장 인상 깊었던 순간을 추출하고, 이를 기반으로 토론 주제와 소통 콘텐츠를 제시한다. 또한 비슷한 취향의 관객들을 연결해 지속 가능한 커뮤니티를 형성함으로써 공연 이후에도 연주자와 청중 간의 관계를 강화한다.

미래 공연 생태계 구축

AI 기반 공연 확장의 궁극적 목표는 단발적 이벤트를 넘어 지속 가능한 새로운 공연 생태계(sustainable performance ecosystem)를 구축하는 것이다.

블록체인 콘서트 플랫폼(Blockchain Concert Platform)은 블록체인 기술과 AI를 결합해 투명하고 공정한 공연 수익 분배 구조를 만든다. AI가 연주자, 기획자, 기술 담당자 등 각 참여자의 기여도를 정밀하게 측정하고, 스마트 계약(smart contract)을 통해 자동으로 수익을 분배한다. 이는 공연 산업 전반의 신뢰성을 높이는 혁신적 접근이다.

NFT 퍼포먼스 마켓(NFT Performance Market)은 공연을 디지털 자산으로 전환해 새로운 거래 방식을 가능하게 한다. 특별한 공연의 독점 시청권, 연주자와의 가상 만남, 맞춤형 연주 의뢰권 등을 NFT로 발행함으로써 기존 티켓 판매를 넘어서는 새로운 수익 모델을 창출한다.

AI 탤런트 스카우트(AI Talent Scout)는 온라인 공연 데이터를 분석해 숨겨진 재능을 발굴한다. 연주자의 기술적 완성도, 독창성, 청중 반응 등을 종합적으로 평가해 잠재력 있는 연주자를 찾아내고, 그들을 적절한 무대나 기회와 연결한다. 이는 음악 산업의 인재 발굴 방식을 혁신적으로 변화시킨다.

지속 가능한 공연 생태계(Sustainable Performance Ecosystem)는 환경적 책임을 고려한 새로운 공연 문화를 제시한다. 물리적 이동을 최소화한 가상 공연, 에너지 효율적 기술의 활용, 디지털 우선 홍보 전략(digital-first promotion)을 통해 환경 친화적이고 지속 가능한 공연 생태계를 구축한다. 이는 예술과 사회적 책임을 동시에 추구하는 미래 지향적 공연 모델이다.

참고문헌

육지민 외(2023). “인공지능과 증강현실 기술 기반 가상 환경을 활용한 공연예술에 대한 연구” 《디지털콘텐츠학회논문지》, 24(12), 2981~2991쪽.
http://journal.dcs.or.kr/xml/38946/38946.pdf

Chin, D. & Xia, G.(2022). A Computer-Aided Multimodal Music Learning System with Curriculum: A Pilot Study. Proceedings of the International Conference on New Interfaces for Musical Expression(NIME).
https://assets.pubpub.org/wdj3184c/c6910363-4271-4214-a7ec-76d490fa9d0a.pdf

Martinoli, A. & Vuković, V.(2024). Personalized Distribution of Media Content: AI Algorithms and Enhancement of User Experience. Kultura, 184, pp.57~74.
https://www.casopiskultura.rs/wp-content/uploads/2025/02/4.-Ana-Martinoli-i-Vuk-Vukovic.pdf

Onderdijk, K. E. et al.(2023). Concert Experiences in Virtual Reality Environments. Virtual Reality, 27(3), pp.2383~2396.
https://doi.org/10.1007/s10055-023-00814-y

Suzuki, R. et al.(2023). XR and AI: AI-Enabled Virtual, Augmented, and Mixed Reality. Proceedings of the 36th ACM Symposium on User Interface Software and Technology (UIST '23 Adjunct), pp.1~3. ACM.
https://dl.acm.org/doi/pdf/10.1145/3586182.3617432

10
청중과 미래

음악의 본질은 연주자와 청중의 소통에 있다. 그러나 디지털 시대의 청중은 과거와 전혀 다른 특성을 보인다. 짧아진 집중 시간, 멀티미디어 경험에 대한 기대, 실시간 상호작용의 욕구, 개인화된 경험에 대한 선호가 새로운 청중의 특징으로 나타난다. AI 기술은 이러한 변화하는 요구를 이해하고 그에 맞는 음악적 경험을 제공하는 강력한 도구가 되고 있다. 이 장에서는 AI 시대의 청중 이해, 미래 음악 환경의 전망, 그리고 연주자가 준비해야 할 변화와 기회를 종합적으로 살펴본다.

AI와 미래 의사?

디지털 네이티브 청중의 이해

Z세대와 알파 세대로 대표되는 새로운 청중은 태생적으로 디지털 환경에 익숙하다. 이들의 음악 소비 패턴을 분석하는 것이 미래 전략 수립의 출발점이다. 소셜 리스닝 AI(Social Listening AI)는 소셜 미디어, 스트리밍 플랫폼, 온라인 커뮤니티에서 젊은 세대의 음악 관련 대화를 실시간으로 모니터링한다. 어떤 클래식 곡이 밈으로 사용되는지, 어떤 연주 영상이 바이럴되는지, 어떤 요소가 관심을 끄는지를 데이터로 파악한다.

어텐션 스팬 애널리틱스(Attention Span Analytics)는 디지털 플랫폼에서의 시청 패턴을 분석해 현대 청중의 집중력 특성을 파악한다. 평균 시청 지속 시간, 이탈 지점, 다시 보기 패턴 등을 분석해 어떤 길이와 구성의 콘텐츠가 효과적인지 알려준다. 전통적인 50분짜리 소나타보다는 3~5분의 하이라이트 편집본이 더 많은 조회수를 기록하는 현실을 데이터로 확인할 수 있다.

멀티 모달 프리퍼런스 디텍터(Multi-Modal Preference Detector)는 현대 청중이 단순한 오디오를 넘어서 시각적, 상호작용적 요소를 동시에 원한다는 점을 분석한다. 연주 영상에서 어떤 시각적 요소(연주자의 표정, 손가락 움직임, 무대 조명 등)가 가장 많은 관심을 받는지, 댓글과 공유에 영향을 미치는 요소가 무엇인지 파악한다.

컬처럴 브리지 애널리시스(Cultural Bridge Analysis)는 클래식 음악과 현대 대중문화 사이의 연결 고리를 찾는다. 영화, 드라마, 게임, 광고에서 사용된 클래식 곡들이 어떻게 젊은 청중의 관심을 끌었는지 분석하고, 이러한 성공 사례를 다른 곡에도 적용할 수 있는 방법을 제안한다.

개인화된 청중 경험 설계

AI의 가장 강력한 능력 중 하나는 대규모 개인화다. 수천 명의 청중 각각에게 맞춤형 경험을 제공할 수 있다. 개인화 콘서트 큐레이션(Personalized Concert Curation)은 개별 청중의 음악 취향, 감정 상태, 현재 상황을 분석해 최적의 공연 프로그램을 추천한다. 스트레스를 받은 직장인에게는 차분한 바로크 음악을, 운동 후 상쾌한 기분의 젊은이에게는 활기찬 현대곡을 추천하는 식이다.

동적 세트리스트 제너레이터(Dynamic Setlist Generator)는 실시간으로 청중의 반응을 분석해 공연 중에도 프로그램을 조정한다. 특정 곡에 대한 반응이 좋으면 비슷한 스타일의 곡을 추가하고, 지루해 하는 기색이 보이면 더 역동적인 곡으로 전환한다. 이는 획일적인 프로그램에서 벗어나 살아있는 공연을 만든다.

마이크로 모먼트 최적화(Micro-Moment Optimization)은 청중이 공연장에서 보내는 모든 순간을 최적화한다. 입장부터 퇴장까지의 전체 여정에서 개인의 선호도에 맞는 경험을 제공한다. 좌석 추천, 인터미션 콘텐츠, 공연 후 관련 정보 제공 등 모든 접점에서 개인화된 서비스를 받는다.

맥락 기반 경험 엔진(Contextual Experience Engine)은 청중이 공연을 듣는 상황과 환경을 고려한 맞춤형 경험을 제공한다. 출퇴근 중인 사람에게는 짧고 집중력을 높여주는 곡을, 휴식 시간의 사람에게는 편안하고 치유적인 곡을, 공부하는 학생에게는 집중력을 돕는 배경음악 성격의 곡을 추천한다.

실시간 상호작용과 참여

현대 청중은 수동적 관람이 아닌 능동적 참여를 원한다. AI 기술을 활용하면 다양한 형태의 실시간 상호작용이 가능하다. 라이브 감정 투표(Live Emotion Voting)는 청중이 스마트폰을 통해 실시간으로 자신의 감정 상태를 표현할 수 있게 한다. 연주 중 느끼는 감정을 실시간으로 입력하면, AI가 이를 종합해 무대의 조명이나 배경 영상에 반영한다.

집단 음악 만들기(Collective Music Making)는 청중이 실제로 연주에 참여할 수 있게 한다. 스마트폰 앱을 통해 박수, 발 구르기, 허밍 등을 녹음하면 AI가 이를 분석해 실제 연주에 리듬이나 화음을 추가한다. 수백 명의 청중이 함께 만드는 즉흥적인 오케스트라가 탄생한다.

질문과 응답 시스템(Question & Response System)은 연주 중에도 청중의 궁금증을 해결한다. 특정 구간에서 음성이나 텍스트로 질문을 하면, AI가 적절한 타이밍에 간단한 설명을 제공한다. "이 화성 진행은 무엇인가요?" 라는 질문에 실시간으로 답변을 제공해 교육적 효과도 더한다.

소셜 공유 통합(Social Sharing Integration)은 공연 경험을 실시간으로 공유할 수 있게 한다. 인상적인 순간에 버튼 하나만 누르면 해당 부분의 클립이 개인의 소셜 미디어에 적절한 설명과 함께 자동으로 게시된다. 이는 공연의 확산 효과를 극대화한다.

미래 기술과 음악의 융합

AI는 계속 발전하고 있으며, 가까운 미래에는 더욱 혁신적인 음악적 경험이 가능해질 것이다. 뉴럴 인터페이스

뮤직(Neural Interface Music)은 뇌-컴퓨터 인터페이스를 활용해 생각만으로 음악을 조작하는 기술이다. 청중이 원하는 감정이나 분위기를 생각하면 AI가 이를 감지해 실시간으로 연주에 반영한다. 진정한 의미의 텔레파시 음악이 가능해진다.

양자 음악 생성(Quantum Music Generation)은 양자 컴퓨터의 확률적 특성을 활용한 음악 생성 기술이다. 전통적인 디지털 음악과는 완전히 다른, 예측 불가능하면서도 조화로운 음악을 만들어 낸다. 연주자는 양자 AI와 협업해 인간의 상상을 뛰어넘는 음악을 창조할 수 있다.

바이오로지컬 피드백 오케스트라(Biological Feedback Orchestra)는 청중의 생체 신호를 실시간으로 모니터링해 연주에 반영하는 시스템이다. 심박수, 뇌파, 호르몬 수준 등을 종합 분석해 집단의 생리적 상태에 맞는 최적의 음악을 선택하고 연주한다. 음악이 단순한 예술을 넘어서 치료와 웰빙의 도구가 된다.

시공간 초월 공연(Time-Space Transcendent Performance)는 시공간을 초월한 공연 경험을 제공한다. 과거의 위대한 연주자들과 현재의 연주자가 함께 연주하거나, 지구 반대편의 청중과 실시간으로 감정을 공유하는 일이 가능해진다. 물리적 한계를 완전히 극복한 순수한 음악적 소통이 실현된다.

지속 가능한 음악 생태계

미래의 음악 환경은 단순히 기술적 발전만이 아니라 지속 가능성도 고려해야 한다. 그린 콘서트 AI(Green Concert AI)는 환경 친화적인 공연 방식을 제안한다. 탄소 발자국을 최소화하는 가상 공연, 재활용 가능한 무대 장치, 에너지 효율적인 음향 시스템 등을 통해 지구를 보호하면서도 훌륭한 음악적 경험을 제공한다.

인클루시브 뮤직 플랫폼(Inclusive Music Platform)은 모든 사람이 음악을 즐길 수 있는 포용적 환경을 만든다. 시각 장애인을 위한 촉각 피드백, 청각 장애인을 위한 시각적 음악 표현, 신체 장애인을 위한 접근성 향상 등 AI 기술을 활용해 음악의 장벽을 제거한다.

컬처럴 프리저베이션 엔진(Cultural Preservation Engine)은 전 세계의 다양한 음악 전통을 보존하고 발전시킨다. 사라져가는 전통 음악을 AI가 학습하고 재현해 후세에 전달한다. 동시에 이러한 전통과 현대 음악을 자연스럽게 융합해 새로운 문화적 가치를 창조한다.

디모크러타이즈드 뮤직 크리에이션(Democratized Music Creation)은 누구나 쉽게 음악을 만들고 공유할 수 있는 환경을 조성한다. 전문적인 음악 교육을 받지 않은 사람도 AI의 도움으로 자신의 감정과 아이디어를 음악으로 표현할 수 있다. 이는 음악 창작의 민주화를 가져온다.

연주자의 미래 준비 전략

급변하는 음악 환경에서 연주자들이 성공하기 위해서는 전략적 준비가 필요하다. 적응형 기술 개발(Adaptive Skill Development)은 미래에 필요한 기술들을 미리 예측하고 학습할 수 있게 돕는다. 전통적인 연주 기술뿐만 아니라 디지털 리터러시, 콘텐츠 제작 능력, 커뮤니티 관리 기술 등 미래 연주자에게 필요한 복합적 역량을 제시한다.

개인 브랜드 진화(Personal Brand Evolution)는 AI 시대에 맞는 개인 브랜딩 전략을 제안한다. 개인의 독특한 특성과 강점을 파악하고, 이를 디지털 환경에서 효과적으로 어필할 수 있는 방법을 찾아준다. 단순한 연주 실력을 넘어서 총체적인 아티스트로서의 매력을 개발한다.

네트워크 인텔리전스 시스템(Network Intelligence System)은 음악 산업 내 인맥과 기회를 지능적으로 관리한다. 개인의 목표와 현재 상황에 맞는 최적의 네트워킹 기회를 찾아주고, 상호 윈-윈할 수 있는 협업 파트너를 매칭시켜 준다.

미래 기회 스캐너(Future Opportunity Scanner)는 음악 산업의 새로운 트렌드와 기회를 지속적으로 모니터링한다. NFT(Non-Fungible Token) 음악 시장, 메타버스 공연, AI 협업 프로젝트 등 새롭게 등장하는 기회들을 조기에 포착하고, 개인에게 적합한 참여 방안을 제시한다.

미래의 음악은 기술과 인간성이 조화롭게 결합된 새로운 형태가 될 것이다. AI는 연주자에게 무한한 가능성을 제공하지만, 동시에 인간만이 가질 수 있는 감성과 창의성의 중요성도 더욱 부각시킬 것이다. 성공하는 미래의 연주자는 기술을 현명하게 활용하면서도 자신만의 고유한 예술적 목소리를 잃지 않는 사람이 될 것이다.

참고문헌

Abbott, J. et al.(2024). Psychological Mechanisms of Audience Engagement in AI–Mediated Performances. Frontiers in Psychology, 15, 1267516. https://doi.org/10.3389/fpsyg.2024.1267516

Ben–Tal, O. et al.(2021). How music AI is useful: Engagements with composers, performers, and audiences. Leonardo, 54(5), pp.510~516. http://kth.diva–portal.org/smash/get/diva2:1464959/FUL

LTEXT01.pdf
Coeckelbergh, M.(2023). AI and the Future of Human-Computer Interaction: Communication, Affordances, and Ethics. AI & Society, 38(4), pp.1167~1178. https://doi.org/10.1007/s00146-023-01670-9
Martinoli, A. & Vuković, V.(2024). Personalized Distribution of Media Content: AI Algorithms and Enhancement of User Experience. Kultura, 184, pp.57~74. https://www.casopiskultura.rs/wp-content/uploads/2025/02/4.-Ana-Martinoli-i-Vuk-Vukovic.pdf
Onderdijk, K. E. et al.(2023). Concert Experiences in Virtual Reality Environments. Virtual Reality, 27(3), pp.2383~2396. https://doi.org/10.1007/s10055-023-00814-y

박은주

음악학 석사와 박사 학위를 취득하고 현재 인천가톨릭대학교 겸임교수로 재직 중이다. 음악을 바탕으로 다양한 장르의 융합과 확장을 모색하며 작곡과 연주 활동을 이어가고 있으며, 예술과 기술의 접점을 탐구하는 다학제 연구를 수행하고 있다. 박사학위 논문은 "제한된 연주 공간을 위한 사용자 주도형 리버브 생성 시스템 개발 연구"이며, 2025년 7월에는 "바이올린과 연동되는 영상을 출력하는 서비스를 제공하는 방법 및 시스템"(특허청 제10-2835120호)을 등록했다.